Business :
디자이너처럼

" 디자이너처럼 생각하며 일하면 비즈니스가 바뀐다 "

Business :
디자이너처럼

발행일	2018년 1월 22일

지은이	허 근		
펴낸이	손 형 국		
펴낸곳	(주)북랩		
편집인	선일영	편집	권혁신, 오경진, 최예은, 최승헌
디자인	이현수, 김민하, 한수희, 김윤주	제작	박기성, 황동현, 구성우, 정성배
마케팅	김회란, 박진관, 유한호		
출판등록	2004. 12. 1(제2012-000051호)		
주소	서울시 금천구 가산디지털 1로 168, 우림라이온스밸리 B동 B113, 114호		
홈페이지	www.book.co.kr		
전화번호	(02)2026-5777	팩스	(02)2026-5747

ISBN	979-11-5987-941-8 03320(종이책)		979-11-5987-942-5 05320(전자책)

이 도서의 국립중앙도서관 출판예정도서목록(CIP)은 서지정보유통지원시스템 홈페이지(http://seoji.nl.go.kr)와
국가자료공동목록시스템(http://www.nl.go.kr/kolisnet)에서 이용하실 수 있습니다.

Business:
디자이너처럼

허 근 지음

북랩 book Lab

시작하는 글

일본인이 죽기 전에 꼭 한번은 참배해야 한다고 믿는 신사가 있다. 미에현(三重県)에 있는 이세신궁(伊勢神宮)이 그것이다. 이세신궁에서는 20년마다 중요건물인 내궁(內宮, 皇大神宮)과 외궁(外宮, 豊受大神宮)을 다른 장소에 새로 짓는다. 이를 '식년천궁(式年遷宮, 사이넨센구)'이라고 한다. 모시는 신령은 물론 건물과 바닥의 자갈까지 새로 옮겨 간다. 왜 전통 건물을 보존하지 않고 새로 짓는 것일까?

이에 대한 해답은 '후지와라 신야(藤原新也)'가 쓴 『황천의 개(黄泉の犬)』라는 책에 있다.[1] "이세신궁은 특수한 건물이다. 그것을 짓는 기술은 세대가 바뀌기 전에 전수되어야 한다. 수백 년 동안 보존된다면 건물은 멀쩡해도 장인은 사라지게 된다. 이건 단순히 기술을 전승한다는 의미는 아니다. 그보다 더 중요한 것은 사람의 손끝으로 하는 일에는 반드시 마음이 전해져야 한다. 장인의 기술을 전승한다는 것은 마음을 전승한다는 것과 마찬

1.
후지와라 신야, 『황천의 개』, 청어람미디어, 2009

가지다. 이세신궁은 보존이 아니라 파괴를 통해 그 형태 속에 잠재되어 있던 일본인의 마음을 계승시켜 왔다. 구축이 곧 파괴며, 파괴가 곧 구축이 되는 것이다."

'기술이 아닌 마음의 전승'. 이 한마디가 이 책을 쓰게 된 이유다. 오늘도 회사에서는 한 사람은 입사하고, 다른 한 사람은 퇴사한다. 새롭게 시작하는 사람은 무얼 보고 일하고, 퇴사하는 사람은 무엇을 전해 주고 떠나는 것일까. 배우고 전해 줄 것이 없다면, 직장인은 주어진 매뉴얼대로 일하면 되는 닳아지면 교체되는 톱니바퀴일까. 매뉴얼대로 움직인다면 조만간 우린 인공지능(Artificial Intelligence)에 자리를 넘겨주어야 할지 모른다. 아니, 이미 넘어가고 있는지 모른다. 마음마저 빅 데이터(big data)로 조종될 수 있는 시대이니까.

데이터로 변환될 수 없는 '사람의 마음을 어떻게 전할까'라는 생각으로 책을 쓴다. 건축 디자인 회사에서 13년, 건설관리 기업에서 영업기획과 제안 업무 12년 그렇게 25년을 보냈다. 잘한 것보다 못한 것이 더 많은 시간이다. 하지만 그 시간 동안 배운 것 중 쉽게 일하는 요령이 아닌, 일을 대하는 '마음가짐'을 전할 수 있다면 누군가에게는 도움이 될 것이라는 생각으로 시작한 일이다. 디자인 회사와 일반 기업의 생존법은 다르다. 하지만 새로운 도전을 해야 살아남는다는 전제 조건은 똑같다. 경영 환경이 녹록지 않은 상황에서는 개선보다는 혁신이, 혁신보다는 어쩌면 혁명이 필요한 시점이다.

훌륭한 디자이너는 현실의 불리한 조건을 극복하고 새로운 것을 만들어 바로 현실에 적용하는 사람이다. 이런 사고방식이 비즈니스 기획과 제안 업무에 적용되면 많은 성과가 있을 것이다. 새로운 것을 만들려는 디자이너의 창의적인 사고방식과 비즈니스 관리자의 분석적인 사고방식이 서로 공존하는 회사가 많을수록 우리 기업 경쟁력은 더 높아질 것이다.

디자인, 영업기획, 제안. 어느 한 분야도 제대로 해내지 못했지만, 그것들을 25년간 우직하게 해온 미련함과 성공보다는 실패의 경험을 바탕으로 한 장 한 장 썼다. 부족한 점이 많이 보인다. 앞으로 배워야 할 것이 많다.

서로가 같이 걸어가는 사회가 오길 바라며, 이 책이 조그마한 돌다리가 되길 바란다.

허 근

2017년 12월 장안동 '빈당(賓堂)'에서

Contents

제1장

왜 디자이너처럼인가?
_예술, 디자인 그리고 비즈니스

예술과 디자인에 관한 여러 가지 생각들
왜 예술가가 아니고 디자이너인가?
제안으로 비즈니스를 시작하는 수주산업
디자인의 함정 : 디자인이 만능은 아니다
의미를 갖는 디자인과 제안

Like a Designer

비즈니스 현장에서 디자인은 단순히 장식을 하는 것으로 여겨지거나 값싼 치장을 통해 물건이나 공간의 진부한 모습을 숨기는 역할 정도로 취급되는 경우가 많다. 18세기 산업혁명 이후 산업의 발전은 사람들의 생활환경을 편리하게 만들었다. 하지만 이제 세상에 나올 만한 제품과 서비스가 포화된 상태에서 디자인은 소비자의 선택조건이 되었고, 비즈니스에서는 마케팅의 필요충분조건이 되었다. 이전에는 기술이 담긴 제품을 포장하는 수준이 디자인이었다면, 이제는 디자인된 형태에 기술을 꾸겨 넣어야 한다. 디자인이 기술을 이끌어 가는 시대가 된 것이다.

제품과 서비스뿐만 아니라 기업경영까지도 '디자인 씽킹(Design Thinking)' 방법을 도입해 혁신을 주도하는 시대가 되었다. 기업의 '디자인 씽킹'은 단순히 제품이나 서비스를 보기 좋게 만드는 것이 아니다. 신규 사업 자체를 제안하거나, 고객 목표를 구현하거나, 기업 관계자를 성장시키는 보다 넓은 의미의 사고방식을 의미하는 것이다.

그럼 디자이너와 비즈니스맨이 다른 점은 무엇일까? 그동안의 경험을 통해 둘의 차이는 사물과 프로젝트를 보는 시각, 생각하는 방식 그리고 문제를 풀어 가는 과정에 있다는 것을 알았다. 디자이너는 문제를 시각화하여 해결될 수 있다고 생각하지만, 비즈니스맨은 치밀한 분석과 그 결과에 따라 문제가 해결된다고 생각한다. 디자이너는 프로젝트에 대해 무한한 가능성을 열어 놓고 생각을 확산하고 통합하면서 새로운 것을 만들려고 노력하지만, 비즈니스맨은 처음부터 실행 가능한 방법에서 시작해 개선하는 방법을 택한다. 이러한 차이는 개인이나 기업에서 '혁신'과 '개선' 중 어느 것을 선택할 것인가로부터 시작된다.

예술과 디자인에 관한 여러 가지 생각들

영국의 예술사학자이자 철학자인 '허버트 리드(Herbert Read, 1893~1968)'는 『예술의 의미(The meaning of Art)』라는 책에서 "모든 예술가는 동일한 의도, 즉 남을 즐겁게 해주리라는 의욕을 가지고 있다. 따라서 예술이란 즐거운 형식을 만드는 시도라고 가장 단순하고 일반적으로 정의할 수 있다"고 했다.[2]

2.
허버드 리드, 『예술의 의미』, 문예출판사, 1985

러시아 문학가 L.V. 톨스토이(Lev Nikolayevich Tolstoy, 1828~1910)는 『예술이란 무엇인가』라는 책에서 "자신이 경험한 감정을 자기 자신 속에서 불러일으키는 것, 자기 속에 불러일으켜지고 난 다음에는 운동, 선, 색채, 소리 또는 말에 의한 표현 형식에 의해서 다른 사람들도 그와 같은 감정을 경험하도록 그 감정을 전달한다. 이것이 예술의 활동이다. 그리고 예술은 하나의 인간 활동이며, 인간이 어떤 객관적인 취향으로써 자기가 체험한 감정을 의식적으로 다른 사람에게 전하고, 그러면 그 사람은 그 감정에 감염되어 다시 그것을 경험하는 데에서 이루어지는 것이다."라고 했다.[3]

3.
L.N. 톨스토이, 『예술이란 무엇인가』, 신원문화사, 2007

톨스토이와 허버트 리드. 이 두 사람이 정의하는 예술은 '나' 아닌 '다른 사람'에게 예술가의 경험과 느낌을 전달한다는 것임을 이야기하고 있다. 이러한 경험과 느낌을 전달하는 것이 예술이라는 생각을 한 철학자가 또 있다.

19세기 후반 독일에서 태어난 철학자 마르틴 하이데거(Martin Heidegger, 1889~1976)는 『예술작품의 근원』이란 책에서 고흐(Vincent van Gogh, 1853~1890)의 '구두'라는 작품을 예로 들며 자신의 예술관을 설명했다.

빈센트 반 고흐의 「구두」,
네델란드 고흐 미술관 소장

이 작품에는 농부가 신었던 낡고 너덜너덜해진 구두 한 켤레가 그려져 있다. 그러나 "이 그림이 내포하고 있는 예술은 그림 자체에도 있는 것이 아니고 낡은 구두에 있는 것도 아니다. 진정한 예술은 구두를 신고 매일 노동을 하는 농부의 생활, 대지의 내음, 너덜너덜해진 구두조차 버리려 하지 않는 애착 등 '낡은 구두' 이면에 숨어 있는 진리 속에 존재한다. 작품을 감상하는 우리는 작품 자체에 감동하는 것이 아니라 그 너머에 있는 진리를 느낄 때 예술의 위대함, 아름다움에 감동해 마음이 크게 흔들린다. 거꾸로 말하면 아무리 데생이 치밀하고 정교하다고 해도, 아무리 멋진 그림이나 조각이라 해도 그 이면에서 진리를 느끼지 못한다면 그것에는 예술이 존재하지 않는다." 이것이 하이데거가 생각하는 예술이다.[4]

4.
후쿠하라 마사히로.
『하버드의 생각수업』. 메가북스, 2014

'디자인(Design)'이란 단어의 어원은 '지시하다·표현하다'의 뜻을 가진 라틴어 '데시그라네(Designare)', '그리다·밑그림을 그리다'의 뜻을 가진 이태리어 '다세뇨(Disegno)', '목표로 하는 일·목적·세획·스케치'라는 뜻의 프랑스어 '데상(dessine)'에서 유래되었다.

디자인은 분야가 넓은 만큼 디자인에 대한 정의도 다양하다. 노키아의 수석 디자이너였던 프랑크 누보(Frank Nuovo, 1961~)는 "디자인을 단순 정의하면 해결방안을 도출하는 것이다. 디자인은 모든 사람이 매일같이 하는 활동이다."라고 했다.

2017년 예술의 전당에서 전시회를 연 산업디자이너 카림 라시드(Karim Rashid, 1960~)는 "디자인의 근본 목적은 우리 생활방식에 영향을 주는 것"이라고 했다. 이처럼 디자인은 우리 생활과 밀접한 창작 활동이다.

디자인에 대한 학자의 생각을 살펴보자. 영국의 디자인 교수이자 저술가인 존 헤스켓(John Heskett, 1937~2014)은 『Design : A very short Introduction』이란 책에서 다음과 같이 말했다. "디자인은 인간이 가지는 기본 특성 중 하나이며 인간의 삶의 질을 결정짓는 중요한 요소다. 그것은 인간의 일상생활에 영향을 주기 때문에 매우 중요하게 작용한다. 디자인이란 이전에 없던 방식으로 우리의 필요에 맞고 생활에 의미를 부여하기 위해 주변 환경을 만들고 꾸미는 인간의 본성이라 정의할 수 있다."[5]

5.
John Heskett,
*Design : A very
short Introduction*,
Oxford University
Press, 2002

존 헤스켓이 말한 내용 중 중요한 것은 '삶의 질'이다. 산업혁명 이후 기술과 제품 그리고 양적 성장에 이끌려 다니던 인간의 삶이 20세기 후반에 들어와서는 '질(Quality)'을 중요하게 생각한다. 안경테를 예로 들어보자. 안경테의 기능은 렌즈를 단단히 잡고 귀와 코에 걸쳐 사람의 시력을 바로 잡아 주면 그만이다. 그런데 왜 우리 주변에는 안경점이 50m마다 하나씩 있으며, 브랜드는 선택하기 어려울 정도로 많은 걸까?

이것은 현재의 우리가 '기능'보다는 '의미'를, '양'보다는 '질'을 선택하는 시대이기 때문이다. 디자인은 그것을 사용하는 '나'

를 표현하고 이야기하는 산업시대 예술이다. 예술 활동에서 동기를 부여하는 주체가 예술가 자신이라면, 디자인에서는 소비자, 고객, 그것을 사용하는 '우리'인 것이다.

　　도시 환경도 '삶의 질'을 위해 변하고 있다. 1970, 80년대에는 서울시의 교통난 해소를 위해 많은 고가도로·지하차도가 건설되었다. 자동차 소통 중심의 교통 정책이었던 것이다. 하지만 이것들은 2000년대에 들어서면서 오히려 차량의 흐름을 방해하고 도시 미관과 지역 발전을 해치는 요소가 되어 버렸다. 때문에 현재 서울시는 꼭 필요한 곳을 제외하고는 하나둘씩 철거를 시작해 시민에게 도시 공간을 돌려주고 있다. '자동차 우선'에서 '사람이 우선'되는 교통정책으로 패러다임이 바뀐 것이다. '인간 삶의 질'을 위해 디자인뿐만 아니라 도시 정책까지도 변하는 시대가 되었다.

왜 예술가가 아니고 디자이너인가?

　　예술가는 자신의 철학이나 사상을 자신만의 표현방식(글, 소리, 그리기, 몸짓 등)으로 만들어 내는 사람인 반면, 디자이너는 다른 사람의 생각을 자신만의 표현방식으로 만들어 내는 사람이다. 디자이너의 목적은 생산, 유통, 판매, 소비로 이어지는 과정에서 고객의 의도나 의향 그리고 설득 등을 표현하는 것이다. 디자인을 전개하는 과정에는 반드시 최종 소비자의 입장과 태도, 취향 등이 모든 판단의 중심에 있다.

기업 비즈니스의 목적은 자신의 제품이나 서비스를 고객에게 제공하여 이윤을 만들어 냄으로써 지속적인 성장을 추구하는 데 있다. 고객은 항상 변하기 때문에 제품이나 서비스가 고객의 필요를 충족시키지 못하는 기업은 사라질 수밖에 없다. 기업은 고객의 변화를 따라가는 것이 아니라 이끌어 가야 한다. 자기 생각을 표현하는 예술가처럼 자신의 제품이나 서비스가 좋다고만 할 것이 아니라, 디자이너처럼 고객을 모든 판단의 중심으로 하는 자세가 필요하다. 이것이 비즈니스에서 예술가보다 디자이너처럼 일하는 것이 필요한 이유다.

그럼, 디자이너가 어떻게 일하는지 영국 그래픽 디자이너인 앨런 플레처(Alan Fletcher, 1931~)의 이야기를 들어보자. "이 세상에는 생활의 편의, 제품, 의사소통, 장소 등에 형태를 부여하고 돈을 받는 사람이 있다. 그런 사람을 가리켜 디자이너라 한다. 이들은 예술계의 육체 노동자라 할 수 있다. 화가는 자기 자신의 문제점을 해결하는 데 골몰하지만, 디자이너는 다른 사람의 문제점을 해결하는 데 몰두한다. 정말 중요한 점은 문제에 대한 해결책이 아름답기까지 해야 한다는 사실이다. 그렇기 때문에 디자인은 실용적인 분야라기보다는 개개인의 도전과제를 극복하는 분야다. 그야말로 단순한 참여 수준이 아니라 헌신이 필요한 일이다. 디자이너는 자신이 세워 놓은 기준에 도달하는 데서 보상을 찾는다. 작업을 하는 자체로써 느끼는 만족감이 디자이너에게는 보상이 된다. 이들은 거창한 작업이 아닌 디자인 과제에 헌신한다. 상사가 아니라 자기가 세워 놓은 기준에 따른다. 따라서 거의 모든 사람이 삶을 돈을 버는 시간과 돈을 쓰는 시간으로 나누는 데 반해, 디자이너는 대부분 일과 놀이의 구분이 없는 삶을 산다.[6]

6.
필 클리버, 『디자이너 회사 생활 백서(What they didn't teach you in Design School)』, 도서출판 길벗, 2015

디자이너가 되려는 사람들은 일반 직장인과 다른 교육 내용을 배우고, 더 많은 시간을 자기 분야에 투자한다. 미술적 요소가 강한 그래픽 디자인 분야의 경우 일반적으로 고등학교 3년, 대학교 4년 과정을 거쳐야 실무를 접할 수 있다. 기술적 요소가 강한 건축디자인 분야도 대학에서 5~6년간 교육을 거친 후 실무에 들어선다. 디자인을 전공하는 사람들이 배우는 교과과정을 보면 조형원리, 색채원리, 관찰력과 표현력, 이미지의 시각화, 아이디어 발상과 창의적 표현이라는 내용의 과목을 배운다. 모든 과목은 다양한 실기를 병행하면서 진행된다. 이런 과목의 주제는 머릿속의 생각을 시각적으로 표현하여 '남(선생, 교수, 고객 등)'을 설득하고 공감시키는 것을 목적으로 한다. 디자이너가 배우는 교육과정과 초기 실무업무가 일반 직장인과 다른 3가지 특징이 있다.

첫째, 백지상태에서 출발하여 새로운 것을 만드는 교육을 받는다.
둘째, 2차원 평면과 3차원 입체를 동시에 생각하는 방법을 배운다.
셋째, 머릿속의 아이디어를 손으로 그리고, 모형을 만드는 훈련을 받는다.

건축디자인을 예로 들어 보자. 아무것도 없는 빈 땅 위에 고객 요구 조건과 법적 조건 등을 조사, 검토하여 건물이 앉을 모습과 눈에 보일 형상을 상상한다. 각 층의 평면을 구성하면서, 동시에 동서남북의 입면과 전체 형태를 생각하고 서로를 수정·보완·통합해 나간다. 이러한 모든 행위는 다이어그램, 스케치, 모형, 투시도 등의 시각화 기법을 통해 구체화되면서 고객과 소통한다. 최종적으로는 공사가 가능한 수준의 도면을 디테일하게 만들어 현실화시키는 작업을 한다. 이러한 프로세스는 새로운 비즈니스를 시작하거나, 기존의 비즈니스를 혁신하려 할 때 기업에서 추진하는 프로세스와 같다. 기업이 개선보다는 혁신을, 새로운 비즈니스를 만들어 가려면 이런 디자이너 사고방식이 필요하다.

제안으로 비즈니스를 시작하는 수주산업

수주산업을 사전에서 찾아보면 '수요자의 주문으로 제품이나 서비스를 제공하는 산업'이라 설명되어 있다. 건설·조선·플랜트·엔지니어링·IT 서비스분야 등이 전형적인 수주산업이다. 수주는 한자로는 '受注', 영어로는 'Business Development'라고 표현한다. 한자는 '받을 수(受)'와 '부을 주(注)'로 구성되어 있다. 누군가가 부어주어야만 받아서 일할 수 있다는 뜻이다. 영어의 'Business Development'라는 표현이 능동적인 느낌을 주는 반면, 한자 표현은 수동적인 느낌이 든다. 이는 동양과 서양이 세상을 바라보는 시선이 서로 다름을 의미한다. 이러한 사례는 미국 미시건대학교 심리학 교수인 리처드 니스벳(Richard E. Nisbett, 1941~)이 쓴 『생각의 지도』라는 책 "2장 : 동양의 더불어 사는 삶, 서양의 홀로 사는 삶"과 "6장 : 논리를 중시하는 서양과 경험을 중시하는 동양"에서 찾아 볼 수 있다.[7]

수주산업을 하는 국내 기업은 수주를 위해 조직에 '수주영업팀'을 구성한다. '수수영업팀'이라 불리다 보니 실무자도 '수주'와 '영업'을 혼동한다. '영업'과 '수주' 활동은 완전히 다르다. '영업'은 기존고객을 관리하고 신규고객을 발굴하여 사업기회를 만드는 것이고, '수주'는 발굴된 기회를 계약으로 연결하는 활동이다. 수주 활동에는 고객의 요구조건에 맞는 'PQ(Pre-Qualification :

7.
리처드 니스벳, 『생각의 지도: 동양과 서양, 세상을 바라보는 서로 다른 시선』, 김영사, 2004

사전적격심사)'와 '제안서(Proposal)' 그리고 '발표(Presentation)'를 준비하고 제출하는 모든 과정을 포함한다. '영업'과 '수주'에 대한 확실한 구분 없이 마케팅 활동을 하게 되면 사업 규모가 작을 경우에는 별다른 문제가 발생하지 않지만, 사업 규모가 커지면 조직 내부에서 '영업'과 '수주' 사이에 틈새가 생기기 시작한다. 따로따로 노는 것이다. 영업 활동의 정보가 수주단계로 제대로 전달되지 않아 업무에 문제가 생긴다. 수주를 위한 제안과 발표에 고객 요구가 제대로 반영 안 돼 솔루션(Solution)이 없는 그저 그런 제안이 되고 만다. 성공하면 자기 탓, 실패하면 남의 탓을 한다.

국내 수주 산업에서 영업활동은 아직도 관계 위주 영업이다. '술 상무'라는 말이 괜히 생겨난 게 아니다. 이러한 영업을 'ABS(Alcohol Base Sales) 영업'이라고 말하기도 한다. 일본도 비슷한 상황으로 'MKG(마작, 가라오케, 골프의 머리글자) 영업'이라 부른다. 이런 관계 위주의 영업은 B2B 비즈니스에서 여전히 유효하다. 하지만 중요도는 점차 낮아지고 있다. 고객이 변하고 있기 때문이다. 고객의 시장은 국내뿐만 아니라 세계로 넓어지고 있으며, 기업 내부 의사결정도 일방적인 판단이 아니라 실무자 의견까지 종합하여 결정하고 있다. 담당자는 수시로 바뀌고, 우호적이던 담당자는 갑자기 안면을 바꾼다. 이런 상황에서 관계 위주의 영업 활동은 한계에 부딪힌다. 이제는 모든 고객을 대상으로 하는 것이 아니라, 주요 고객의 내부에 침투하여 고객의 진정한 요구를 이해하고 해결을 위한 대안을 검토하여 제안하는 '솔루션(Solution)영업'을 만들어 가야 한다. 솔루션 영업을 한다고 말하는 기업들은 많지만 좀처럼 실행하는 기업을 찾아보기는 힘들다. 고객 요구를 해결하는 솔루션을 찾아내는 방법을 모르기 때문이다. 솔루션을 찾아내는 것은 외부 고객뿐만 아니라 내부 고객에게 기획하고 보고하는 데도 필요하다. 백지에서 시작해 고객 요구를 반영한 솔루션을 찾아내 시각화하여 제안하는 디자이너 사고방식이 필요한 때가 온 것이다.

디자인의 함정 : 디자인이 만능은 아니다

디자인과 디자이너가 모든 문제를 해결할 수 있는 것은 아니다. 디자인의 함정은 언제나 존재한다. 스스로 디자인 함정에 빠진 경우와 디자이너 선택이 아닌 권력자(고객)의 힘에 의해 선택된 디자인이 주는 불편함을 살펴보자.

2000년대 아이리버는 MP3 업계의 선두주자였다. 2004년 국내시장 점유율 1위, 세계시장 2위를 차지할 정도로 MP3와 CDP 업계의 글로벌 강자였다. 아이리버는 원래 소리(sound)를 소비자들이 편하게 즐길 수 있게 하자는 것이 비즈니스의 시작이었다. 하지만 사업이 성공하자 본질인 '소리(sound)'보다 외형, 디자인에 집착하면서 아무 의미도 없는 단지 예쁜 MP3를 만드는 데 집중했다. 변하는 소비자의 요구나 시대 흐름은 뒷전이었다. 독일의 레드 닷 디자인상을 받는 등 외형 디자인은 좋은 평가를 받았지만 예쁜 디자인만으로는 한계가 있었다. 애플이 '사용하기 편한' 즉, 구매한 노래를 다운로드 받는 것부터 집어넣는 것까지 원스톱으로 가능한 '아이튠즈'와 결합된 '아이팟'이 출시되면서 아이리버는 MP3 시장 경쟁에서 밀려난다. 성공에 취해 '업(業)'의 본질을 잊어버리고, 소비자의 요구를 외면한 채 예쁜 디자인만 추구한 까닭이다.

위기의 순간, 2011년 10월 대표로 취임한 박일환 CEO는 임원회의에서 '업의 본질'에 관해 묻기 시작한다. 결론은 '궁극의 소리'가 아이리버가 추구하는 '업의 본질'이었다. 이후 아이리버는 소비자에게 콘서트 현장에 있는 듯한 소리를 생생히 전달하기 위해 고품질 Hi-Fi 시장에 뛰어들어 MP3로는 엄청 고가인 AK-Series 제품(AK240 모델의 경우 소비자가가 240만 원에 달한다)을 선보인다. 그러자 소비자에게 호평을 받기 시작했고 기업은 정상화되었다.[8] AK-Series는 독일의 레드 닷 디자인 어워드에서 2013년부터 2017년까지 5년 연속 디자인상을 받았다. 디자인은 업의 본질을 충실히 수행하는 기업을 더 성장하게 만드는 중요한 요소지만, 본질을 잊어버린 채 제품만 예쁘게 포장하는 것이 아

8.
동아비즈니스리뷰,
"궁극의 소리로 이뤄낸 부활, '업의 본질'에서 진주 캐내다",
April 2015, Issue 2
No.175

니라는 것을 알 수 있는 사례다.

여의도 국회의사당은 1975년에 준공되었다. 강변북로와 올림픽대로를 지나다 보면 볼 수밖에 없는 것이 국회의사당의 '돔(dome)'이다. 왜 돔을 지붕에 얹었을까? 경향신문 2015년 10월 3일 자 기사 "여의도 국회의사당은 어쩌다 지붕에 돔을 얹었나?"를 보면 그 이유를 알 수 있다. 많은 우여곡절 끝에 설계안으로 확정된 초기 디자인은 캐노피가 중층으로 되어 있고 기둥이 있는 형식이었다. 하지만 국회의원들 반응이 좋지 않았다. 공동설계에 참여한 건축가 안영배 교수는 당시를 다음과 같이 회고한다. "'의사당이라고 하면 미국 국회의사당의 큰 돔이나 유럽의 돔이 있는 건물 같아야지, 왜 여긴 돔이 없냐?'는 불만이었어요. 그렇게 만들지 않고 왜 현대식만 좇느냐고 했죠." 하지만 '현대건축'을 하는 건축가들이 더구나 국가상징 건물을 수백 년 전 서양 건물의 모방으로 지을 수는 없는 노릇이었습니다. 안영배 교수는 "지금 시대에 옛날 르네상스 시대의 돔이라든가, 이런 양식을 어떻게 건축가들이 할 수 있겠어요. 그래서 우린 현대저인 안을 원하고 옛날 양식은 원치 않는다."라고 주장했다고 한다. 하지만 건축가를 일개 기술자로 취급하던 1970년대 국가권력과 관료를 몇몇 건축가가 이길 순 없었다.

[국회의사당 초기 설계안(사진출처 : www.tf.co.kr)]

　　국회의사당은 1975년 여의도 양말산(羊馬山) 일대 부지에 2만1,881㎡ 면적과 높이 70m로 모습을 드러낸다. 지름 64m, 높이 20m, 무게 1,000t의 거대한 르네상스식 돔을 머리에 얹은 채로 말이다. 안영배 교수는 "원안대로라면 납작하고 길어서 상당히 안정되고 좋았을 텐데. 그런데 길이가 짧아지고 높아지니까 비례가 영 맘에 안 들었어요. 그게 내가 지금까지 해온 일 중에서 가장 고통스러웠던 일이었어요!"라고 말했다. 2000년에 국회에서는 '돔'에 황금색을 칠하려고 시도하다가 여론의 뭇매를 맞고 철회하기도 했다. 황금색을 칠하려고 시도한 이유가 가관이다. '밤에 보면 의사당 돔이 너무 우중충하니 황금색으로 바꾸는 것이 어떤가?'라는 관계자 의견을 반영한 것이라고 한다. 그 관계자가 누군지 궁금하지도 않다.

　　그렇게 자신들의 권위를 드러내고 싶어 한 그 '돔' 아래서 국회의원들이 40년 동안 뭘 했는지 궁금하다. 그들이 선택한 디자인으로 한강 변을 지나는 국민에게 아름다운 경관을 누릴 즐거움을 빼앗아가고 흉물스런 '돔' 아래에서 국민에게 욕먹을 일만 한 것은 아닌지…….

의미를 갖는 디자인과 제안

모든 예술과 디자인이 다 좋은 것은 아니다. 예술은 감상자에게, 디자인은 소비자에게 '무언가'를 주어야만 '탁월하다'라는 의미를 받을 수 있다. 둘 다 '탁월함'이 있어야 좋은 평가를 받는 것이다. 우리가 사용하는 가전제품을 보자. 에어컨, 냉장고, 전기밥솥, 토스터, 정수기 등. 하루에 얼마나 사용하는가? 제품들 각각을 보면 하루에 한 시간 이상 사용하는 제품은 극소수다. 나머지 시간은 그냥 그 위치에 놓여 있다. 기능상 효용만을 본다면 디자인은 중요한 구매 요소가 될 수 없다. 하지만 소비자는 제품을 고를 때 디자인을 중요한 구매 요인으로 생각한다. 왜일까? 그것은 단순히 제품을 효용으로만 보는 것이 아니라 그것이 가지는 의미를 같이 구매하는 것이다. 그 의미는 제품을 구입하는 소비자마다 다 다르다. "유명 디자이너의 제품이어서, 브랜드 이미지가 좋아서, 우리 집 분위기와 어울려서……." 그래서 디자이너는 기능상 효용뿐만 아니라 의미를 부여하기 위해 조사하고, 아이디어를 찾아내 실험하고 또 실험한다. 이런 과정을 거쳐서 만들어진 제품들이지만 시장에서 다 성공하지 못한다. 잘못된 의미를 부여했거나 디자이너 생각을 강요했기 때문이다. 디자인에 부여하는 의미가 얼마나 중요한지 사례를 살펴보자.

지구상에서 가장 많이 팔린 휴대폰은 어떤 것일까? 아이폰도, 갤럭시도 아니다. 바로 '노키아 1100'이다. 2003년 발매된 '노키아 1100'은 주로 개발도상국 소비자들에게 5년 동안 2억 5,000만 대나 판매됨으로써 단일제품으로는 세계에서 가장 많이 팔린 전자기기다. 노키아는 스마트폰 흐름에 뒤처지면서 2013년 마이크로소프트사에 휴대폰 사업을 매각했지만 피처폰 시대의 최강자였다.

[노키아 1100 모델]

노키아 1100이 성공할 수 있었던 가장 결정적인 요소는 바로 '사용하는 사람을 위한 디자인'이다. 이 제품은 남아시아, 라틴아메리카, 사하라 사막 인근 지역 등에 거주하는 사람들에게 꼭 필요하고 유용한 특성만을 탑재하고 나머지 특성은 가차없이 단순화시키거나 완전히 제거했다. 또한, 노키아 1100은 서구의 소비자들이 생소하다고 느낄 만한 기능들을 제공한다. 이 휴대폰은 전화번호를 저장할 때 하나의 전화번호에 여러 사람을 입력할 수 있도록 해주는데, 이 기능은 전화기 한 대를 마을의 여러 사람과 함께 사용하는 경우에 매우 유용하다. 그리고 내장 플래시 라이트, 라디오 등의 액세서리가 탑재되어 있어 전기설비가 낙후된 지역에서는 매우 유용하다. 노키아 1100은 통찰력과 창의력의 결정체라 말할 수 있다. 노키아의 디자이너와 엔지니어들은 개발도상국 농부의 눈을 통해 세상을 바라봄으로써 그 농부가 처한 고충이 무엇인지 깨달았고 그 고충을 극적으로 줄여줄 제품을 디자인할 수 있었다. 그리고 수많은 사람의 삶을 변화시켰으며 그 과정에서 거대한 신규수요를 창조할 수 있었다.[9] 이처럼 의미 있는 디자인은 기업뿐만 아니라 제품을 사용하는 소비자의 생활을 더욱 활력 있게 해준다.

전형적인 수주산업인 조선업에서 한때 세계 조선시장을 석권했던 일본 조선업이 몰락한 근본적인 이유에 대해 서울대 조선해양공학과 김용환 교수는 이렇게 말했다.

9.
에이드리언 슬라이워츠키, 『디맨드(Demand)』, 다산북스, 2012

"일본 조선업이 몰락한 근본적인 이유가 몇 가지 있는데, 그중 하나로 일본에서는 '표준선'이라는 개념을 발전시켰던 것에 주목해 보아야 합니다. 일단 표준적인 배를 만들고 나서 '싸게 줄 테니 사라'는 식이죠. 따라서 일본의 조선업은 주문자들의 요구에 대응하는 데 소극적이었고, 한국은 정반대로 고객 대응 마인드가 매우 강했으니 주문자 입장에선 한국 업체들이 좋을 수밖에 없겠죠. 선주 입장에서는 자신들의 특수한 요구를 잘 맞춰주고, 속도를 잘 내고, 에너지도 적게 쓰고, 많은 화물을 실을 수 있도록 해준다니 더 바랄 나위가 없었던 겁니다."[10]

10.
서울대학교 공과대학. 『축적의 시간_Made in Korea, 새로운 도전을 시작하자』. 지식노마드, 2015

이처럼 수주산업에서는 고객의 요구에 대응하는 제안이 의미 있는 제안이다. 그것이 이기는 제안이다. 일본처럼 자기 제품만 좋다고 주장하거나 자랑만 늘어놓는 제안을 하느니 차라리 회사소개서를 갖다 주는 것이 낫다. 그런 제안서는 보관할 필요도 없다. 후임자만 더 헷갈리게 한다.

제 2 장

시작을 위한 마음가짐

좋은 디자인과 제안
성공을 위한 팀 구성
문제를 해결하는 사고방식
디자인과 제안을 위한 마음가짐

to Start

건축 디자인 회사에서 일하다 엔지니어링 회사로 이직했다. 건설 분야에서 디자인과 엔지니어링은 한 몸이면서 서로 이해를 못 하는 분야 중 하나다. 이는 우리나라 건설산업 발전 과정과도 연결된다.

우리 건설문화는 70년대 경제성장의 한 축으로 양적 성장을 목표로 해 왔다. 소프트웨어 분야인 디자인보다 하드웨어인 시공을 중심으로 성장했다. 디자인은 국가적인 프로젝트에서만 잠깐 관심을 가질 뿐 다른 프로젝트에서는 귀찮은 존재로만 여겨졌다. 90년대 이후, 건물이 지어질 만큼 지어지자 사람들은 '비와 바람을 피해 가족이 생활할 수 있는 집'이 아니라 '가족이 행복하고 편안하게 살아갈 아름다운 집'을 원했다. 디자인이 중요한 선택 조건이 되었다.

엔지니어링 회사에서 프로젝트 수주 제안 업무를 맡게 되었다. 디자인 회사에서 일하던 방식으로 업무를 진행하려고 했더니 다들 너무 생소해 했다. 엔지니어들은 자기가 할 부분만 콕 집어서 달라고 한다. 그들은 백지에서 시작하는 일을 해본 경험이 거의 없어 기획단계 프로젝트는 어떻게 해야 할지 허둥댔다. 서류든, 도면이든 자료를 주지 않으면 상상해 가면서 문제를 풀어 가는 방법을 몰랐다. 프로젝트를, 문제를 바라보는 시각과 마음가짐이 다른 것이었다.

좋은 디자인과 제안

디자인에 대한 교과서 같은 책들을 보면 "디자인은 합목적성, 심미성, 경제성, 독창성, 통일성 이 다섯 가지 요건이 갖추어져야 바람직한 디자인이 될 수 있다"고 한다. '합목적성'은 실용적인 면에서 기능의 적합성을 말하며, '심미성'은 미학적인 관점에서 아름답다는 느낌을 말한다. '경제성'은 최소의 노력으로 최대의 효과를 얻는 것이고, '독창성'은 디자인 본연의 가치이며, 마지막으로 '통일성'은 디자인에 등장하는 여러 요소나 원리 각각을 하나의 질서나 구조로 통일하는 것을 말한다. 너무 어렵다. 전공한 사람도 이해하기 어려운데 일반인들은 어떡할까?

좋은 디자인에 대한 생각을 간결하면서도 쉽게 정리한 사람이 있다. 독일 출신으로 Braun사의 수석 디자이너인 디터 람스(Dieter Rams, 1932~)의 '디자인 십계명'이다.[11]

11.
SFMOMA
PRESENTS LESS
AND MORE: THE
DESIGN ETHOS
OF DIETER RAMS
(https://www.
sfmoma.org/press/
release/sfmoma-
presents-less-and-
more-the-design-
ethos-of/)

01. Good design is innovative. (좋은 디자인은 혁신적이다)

02. Good design makes a product useful.

   (좋은 디자인은 제품을 유용하게 한다)

03. Good design is aesthetic. (좋은 디자인은 아름답다)

04. Good design makes a product understandable.

   (좋은 디자인은 제품을 이해하기 쉽게 한다)

05. Good design is honest. (좋은 디자인은 정직하다)

06. Good design is unobtrusive.

   (좋은 디자인은 불필요한 관심을 끌지 않는다)

07. Good design is long-lasting. (좋은 디자인은 오래 지속된다)

08. Good design is thorough down to the last detail.

   (좋은 디자인은 최종 디테일까지 철저하다)

09. Good design is environmentally friendly. (좋은 디자인은 환경 친화적이다)

10. Good design is as little design as possible.

   (좋은 디자인은 가능한 최소한으로 디자인한다)

디터 람스의 십계명 중 수주 비즈니스 기업이 제안에 성공하는데 필요한 것은 다섯 가지다.

1. 성공한 제안은 혁신적이다 :

제안은 고객 상황에 따라 달라져야 하며 발전적이어야 한다. 기존 제안을 그대로 활용해서는 안 된다. 고객 문제를 해결하기 위한 고민이 담겨 있어야 한다. 시간이 없다는 이유로, 인원이 없다는 이유로 고민 없는 제안서를 고객에게 전해 주어서는 안 된다. 차라리 회사 브로슈어를 전해 주는 것이 더 낫다. 중요한 것은 이런 고민은 고객의 문제를 해결해야 하는 것이어야지, 내부 결재를 위한 고민이 되어서는 안 된다는 점이다. 그리고 자신의 문제를 자기보다 더 고민하여 새로운 솔루션을 제공하는 기업보다 싼 가격만을 중요시하는 고객과는 비즈니스를 하지 말아야 한다.

2. 성공한 제안은 고객과 기업, 모두 이롭게 하는 것이다 :

수주영업은 판매영업과 달리 계약 후 제작되고 서비스가 제공된다. 그 기간 또한 길다. 수주 목표만 채우기 위해 불가능한 제안이나 약속을 하면, 계약 후 실행 과정에서 그 바닥이 드러난다. 고객과 기업 모두에게 피해가 돌아간다. 70년대 초 현대그룹 정주영 회장은 조선소 부지 사진 한 장과 500원 지폐의 거북선 그림을 가지고 영국으로 건너가 조선소를 지을 차관을 유치하고 선박 2척을 수주했다. 이 영웅담을 가지고 "당신들은 왜 그렇게 못하냐!"라고 영업직을 몰아세우는 경영자들이 있다. 당시 정주영 회장의 성공은 박정희 대통령의 전폭적인 지원과 포항제철이 있었기에 가능한 것이었다. 이런 내부 기반 없이 영업 현장에서 불가능한 제안을 해서는 안 된다. 성공한 제안은 정직한 것이며 고객과 기업 모두에게 발전적인 결과를 가져오는 약속이다.

3. 성공한 제안은 제품과 서비스를 이해하기 쉽게 만든 것이다 :

『80/20 Sales and Marketing』이라는 책의 저자 페리 마셜(Perry Marshall, 1969~)은 "드릴을 사는 사람은 구멍을 뚫기 위해 드릴을 사는 것이지, 드릴 그 자체가 좋아서 사는 것이 아니다. 드릴을 팔기 위해서는 제품 스펙이 아니라 어떤 구멍을 뚫을 수 있는지를 광고해야 한다."고 했다.

성공한 제안은 기업의 제품과 서비스가 어떻게 고객을 돕고 혜택을 줄 수 있는가를 쉽게 제시하는 것이다. 자기 제품과 서비스가 최고이며 훌륭하다고 자랑만 하는 제안은 고객에게 선택받지 못한다. 성공한 제안은 고객의 생각을 고민하고 고객의 언어로 알기 쉽게 이야기한다.

4. 성공한 제안은 마지막 디테일까지 철저하다 :

아무리 좋은 제안 전략도 마무리가 좋지 못하면 성공하기 어렵다. 훌륭한 전략으로 시작했지만, 중간 과정에서 전략은 사라지고 그저 그런 콘텐츠로 채워진다. 게다가 첫 페이지부터 오타가 보이고 아무리 봐도 이해하기 어려운 발표 자료가 만들어진다. 성공한 제안은 전략이 세부 콘텐츠까지 이어지고 핵심 메시지를 담은 발표자료, 인쇄와 제출까지 꼼꼼하게 챙긴 결과로 만들어진다. 고객에게 전달되는 그 순간까지 긴장을 놓치면 안 된다.

5. 성공한 제안은 심플한 것이다 :

복잡하고 분량이 많다고 좋은 제안이 아니다. 자기 자랑으로만 가득 찬 제안은 주변에서 쉽게 볼 수 있다. 그들 대부분은 실패한 제안이다. 제안에 성공하려면 고객의 문제를 정확히 분석하고 그에 대한 솔루션을 간결하게 제시해야 한다. 제안자는 누구에게라도 차별화된 제안 전략을 간결하게 설명할 수 있어야 하며, 인쇄된 제안서는 그 증거로 사용해야 한다. 고객 CEO에게 발표까지 해야 한다면 심플함은 더욱 필요하다.

IBM, ABC, UPS 기업 로고를 디자인한 그래픽 디자이너 폴 랜드(Paul Rand, 1914~1996)는 "아무리 복잡한 디자인 원리와 기법을 적용하더라도 부적절하다면 좋은 디자인이 아니다. 더욱

이 의사소통의 수단과 방법에 도움을 줄 수 없다면 이 또한 좋은 디자인이 아니다."라고 했다.**12** 이러한 디자이너 사고방식은 수주를 위한 기업의 제안에도 그대로 적용된다. 고객의 문제를 해결하기 위해 고민에 고민을 거듭한 제안 전략, 이런 전략을 고객이 쉽게 이해할 수 있도록 구성된 제안서와 발표 자료는 계약 성공이라는 목표에 한 발 더 다가갈 수 있다.

12.
폴 랜드, 『폴 랜드의 디자인 생각(Thoughts on Design)』, 안그라픽스, 2016

┃ 성공을 위한 팀 구성

디자이너는 전반적인 뼈대를 만드는 '영감'의 단계에서는 소규모 팀으로 시작한다. 영화가 끝날 때 올라가는 자막(ending credits)을 보면 '군대' 수준의 인원이 영화제작에 동원된 것을 볼 수 있다. 하지만 제작 준비 단계에서는 대개 감독, 작가, 프로듀서 등으로 구성된 소규모 팀에서 시작한다. 디자인 방향과 개념을 설정하는 단계부터 많은 인원이 참여하게 되면 프로젝트가 산으로 간다는 것을 디자이너는 많은 경험을 통해 알고 있다.

훌륭한 디자이너는 지시대로 행동하는 사람보다 자기 생각과 주관이 뚜렷한 디자이너를 팀원으로 구성한다. 컴퓨터만 다룰 줄 아는 원숭이는 좋아하지 않는다. 스스로 생각하면서 다른 의견에 반박할 줄도 아는 디자이너를 원한다. 왜냐하면, 훌륭한 디자이너는 다양한 아이디어를 받아들일 준비가 항상 되어 있으며 사소한 이야기에도 주의를 기울이기 때문이다. 거기에서 아이디어와 영감을 얻어 자기 이야기를 더욱 발전시킬 수 있다는 것을 경험을 통해 알고 있다.

디자인 팀 규모가 커지면 그 속에서 관료주의와 내부정치가 시작된다. 훌륭한 디자이너는 설정된 디자인 개념을 새로운 팀원에게 명확히 설명하고 한계를 정해 이러한 현상을 사전에 예방한다. 그리고 개념을 해치지 않는 한, 각 분야 전문가 의견을 존중한다. 이런 개방적인 분위기가 생기는 것은 디자인 작업 자체가 아이디어를 바탕으로 프로젝트를 완성해가는 작업이기 때문이다.

글로벌 디자인 전문기업인 'IDEO'에는 심리학을 공부한 건축가, MBA 학위를 취득한 예술가, 마케팅 경험이 풍부한 엔지니어가 함께 일한다. 이들 모두는 지식의 넓이와 깊이가 공존한다는 점에서 공통분모를 갖고 있다. 창의적인 조직에서는 이처럼 전문적인 지식과 기술은 물론 영역의 경계를 뛰어넘어 협력을 추구하는 인재를 끊임없이 찾는다. 단순히 전문가들로 이루어진 팀이 아니라 둘 이상의 영역을 유기적으로 아우르는, 즉 진정한 의미에서의 '학제적 팀(interdisciplinary team)'을 구성한다. 분야별 전문가들로만 이루어진 팀은 각자가 자신의 전문 분야를 중점적으로 지지함에 따라 구성원들 간에 뜻을 모으는 일이 어려워 결국에 가서는 불분명한 결과로 나타난다. 학제 팀은 아이디어를 공유하고 모든 팀 구성원들이 그에 대한 책임을 지기 때문에 결과가 분명하다.[13]

　　　수주기업의 제안 현장으로 가보자. 어느 목요일 오후 2시, K 부장 핸드폰이 '카톡', '카톡' 울린다. "11층 A 회의실에서 긴급회의가 있으니 꼭 참석해 달라"는 내용이다. 회의시간은 오후 3시. '무슨 회의를 이렇게 하지?'라고 투덜거리며 담당자에게 전화했더니 '참석해 보면 안다'는 대답만 돌아온다. 3시, 회의실에 도착하니 테이블에 제안요청서(RFP : Request for Proposal)가 놓여 있다. 돌아보니 좁은 회의실에 각 분야 담당자가 다 모여 있다. K 부장은 '아이고, 누가 또 사고 쳤구나!'라고 혼자 생각한다. 영업팀장이 심각한 얼굴로 "회사의 중요한 프로젝트인데 급하게 제안서를 써야 한다고, 회사 일이니 모두 휴일 반납하고 일해야 한다."고 일장 연설을 한다. 제출날짜를 보니 10일 후다. 제안 담당 K 부장은 영업팀장에게 영업을 통해 수집된 정보와 자료를 달라고 요청한다. 돌아오는 대답은 "제안요청서에 다 있다.", "영업은 완벽하게 다 했으니 형식적으로 제안서만 기일 내 제출하면 된다."고 한다. 제안 전략을 세우기는커녕 요구조건에 맞추기도 힘든 상황이다. 야근, 휴일 근무는 물론이고 철야까지 해서 겨우 제출 시간을 맞춘다. 이틀 후 결과가 나왔다. 떨어졌

13.
팀 브라운. 『디자인에 집중하라(Change by Design)』. 김영사, 2010

다. 뒤에서 수군거리는 소리가 들린다. "영업은 잘 했는데 제안서가 부족해서…….", "이번 제안서는 좀 그래, K 부장이 이젠 감이 떨어졌나 봐." K 부장은 혼자 회사 옥상으로 올라가 담배를 입에 문다. 내뿜은 담배 연기와 푸른 하늘을 보며 K 부장이 생각하는 것은 무엇일까?

수주제안을 하는 기업에서 비일비재하게 일어나는 일이다. 아직도 관계 중심의 영업이 제일 중요하다고 생각하기 때문에 제안 작업은 부수적인 일이라고 생각한다. 정말 관계 위주의 영업이 중요하다면 경쟁까지 가지 않도록 영업을 해야 한다. 이길 수 없는 상황까지 끌고 가서 서로의 잘잘못을 따지는 일은 하지 말아야 한다. 그건 서로에게 상처만 남긴다.

급조된 제안 팀에서 번득이는 아이디어가 나와 성공하길 바라면 안 된다. 가장 이상적인 제안 팀은 영업과 제안을 같이 시작하는 것이다. 중요한 프로젝트는 사전 영업단계부터 영업과 제안 담당이 함께 움직여야 한다. 영업을 통해 수집된 정보가 제안 담당에게 전달되어야 하고, 고객의 문제가 무엇인지를 같이 고민해야 한다. 디자이너가 '영감'을 얻는 단계처럼 말이다. 고객이 공식적인 제안요청서(RFP)를 발행하기 전에 제안 전략은 수립되어야 한다. 그래서 세부 콘텐츠를 작성하는 분야별 전문가에게는 RFP 발행 후 제안 전략에 따른 해결책을 제안하도록 해야 한다. 그래야만 짧은 시간에 좋은 품질의 콘텐츠를 얻는다. 솔루션을 가진 콘텐츠라면 단 2줄의 문장도 최고다. 이렇게 해야 계약까지 이루어질 수 있다. 선택과 집중이라는 말이 괜히 있는 것이 아니다.

제안을 담당하는 책임자는 'T'자형 인재가 적합하다. 'T'자형 인재란 글로벌 경영 컨설팅 기업 맥킨지(McKinsey)의 인재 육성 방식이다. T자형 인재는 다방면에 박식하면서도 한 가지 분야에서 전문가 수준의 깊이를 지닌 인재를 말한다. 어쩌면 건축가 같은 인재를 이야기하는지도 모르겠다. 건물을 디자인하기 위해서는 디자인 역량뿐만 아니라 구조, 설비, 법규, 최신 트렌드 심지어 인문학적 소양까지도 필요하기 때문이다. 수주기업에서 이런 'T'자형 인재를 가지기 위해선 개인의 노력만을 요구해서는 안 된다. 기업은 이런 인재들이 클 수 있는 토양을 마련해줘야 한다. 밭에다가 모를 심어 놓고 쌀이 나오길 바라는 건 너무 큰 욕심 아닐까?

문제를 해결하는 사고방식

사물의 현상이나 문제를 해결하기 위한 사고방식에는 '분석적 사고(analytical thinking)'와 '직관적 사고(intuitive thinking)' 방식, 두 가지가 있다. 분석적 사고는 문제를 해결하기 위해 주어진 자료와 정보를 쪼개어, 비교·대비·오류 확인 등의 방법을 거쳐 사실 간 논리적 관계를 정리하여 결론을 끌어내는 방법이다. 직관적 사고는 논리적인 추론 과정을 거치지 않고 경험이나 오래된 교육을 통해 결론을 끌어내는 방법이다. 분석적 사고는 과학자, 기술자들이 생각하는 방식이라면, 직관적 사고는 독창성과 창조성이 있어야 하는 예술가, 발명가들이 생각하는 방식이다.

디자이너는 어떻게 문제를 해결할까. 그들은 현실의 문제를 해결하고 동시에 미래의 가치를 만들어 내는 작업을 한다. 분석적 사고로는 현실 문제는 해결할 수 있지만 미래가치를 담기 어렵고, 직관적 사고로는 현실의 사람들을 이해시키고 설득하기 어렵다. 그래서 디자이너들은 두 가지 사고방식을 넘나들며 문제를 해결하려 한다.

14.
로저 마틴. 『디자인 씽킹(The Design of Business)』. 웅진윙스, 2010

캐나다 출신의 경영학자 로저 마틴(Roger Martin, 1956~) 교수는 이러한 사고방식을 '디자인적 사고방식(design thinking)'이라 했다. 디자인적 사고방식은 "분석적 사고에 기반을 둔 완벽한 숙련과 직관적 사고에 근거한 창조성이 역동적으로 상호 작용하면서 균형을 이루는 것"이다.[14]

[로저 마틴 교수의 '디자인적 사고방식' 개념]

IDEO의 CEO인 팀 브라운(Tim Brown, 1962~)은 좀 더 구체적으로 다음과 같이 말한다. "디자인적 사고란 소비자가 가치 있게 평가하고, 시장의 기회를 이용할 수 있으며, 기술적으로 가능한 비즈니스 전략에 대하여 디자이너의 감수성과 작업방식을 이용하는 사고방식이다."[15]

15.
Tim Brown, *Design thinking*, Harvard Business Review, 2008

수주가 비즈니스의 출발점인 기업이 고객에게 제품이나 서비스를 제안할 때 디자인적 사고방식은 매우 유용하다. 고객 프로젝트에 대한 자료와 정보를 세밀하게 검토하고 경쟁사와 시장의 상황을 종합하는 분석적 사고방식과 자료에 나와 있지 않은 고객의 숨은 요구와 고민을 찾아내는 직관적 사고방식이 서로 상호작용을 하면서 제안 방향과 전략을 만들어 가는 것이다.

모든 제안에 디자인적 사고방식을 적용하는 것은 불가능하다. 분석적 사고방식만으로도 충분한 프로젝트가 많고, 분석적 사고방식을 제안에 제대로 적용하는 팀을 찾기 어려운 것이 현실이다. 하지만 새로운 제품 또는 서비스를 고객에게 제안할 때, 기업을 지속하는데 매우 중요한 고객에게 제안할 때는 디자인적 사고방식을 적용해 작업이 이루어져야 한다. 제안 프로젝트에 참여하는 모든 팀원이 디자인적 사고방식을 가져야 하는 건 아니다. 마케팅 담당 임원, 영업과 제안 책임자 정도만 디자인적 사고방식을 이해하고 있어도 충분하다.

중요한 것은 디자인적 사고방식을 시간만 소비하고 말도 안 되는 아이디어라고 치부해 버리는 기업문화를 바꾸는 것이다. 관리자는 말로는 창의성이 가장 중요하다고 외치지만 창의성보다는 위험(risk)을 더 걱정한다. 새로운 방법을 시도하려고 하면 기업의 관리자는 "처음 해보는 거라 위험(risk)이 너무 커서……", "그거 당신이 책임질 수 있어? 어떻게 책임질 건데……", "튀지 마. 나도 다 해봤어. 그냥 중간만 가자."란 말로 창의성의 싹을 잘라 버린다. 기업에 디자인적 사고방식을 적용하려면 잠시만이라도 시간, 인력, 절차, 내부 기준 등을 보류해야 한다. 창의적인 사고를 실행하려는 직원에게 시작부터 좌절을 느끼게 해서는 안 된다. 물론 실패할 수 있다. 그런 실패는 소중한 경험으로 남아 다음 프로젝트 성공의 밑거름이 되고, 그런 성공은 기업을 한 단계 성장하는 기회를 만든다.

디자인과 제안을 위한 마음가짐

예술가, 디자이너, 기업의 제안 책임자는 매일 매일 고민한다. 예술가의 고민과 두려움에 대해서는 『예술가여, 무엇이 두려운가!』라는 책에 잘 나와 있다. "이 시대에 예술을 한다는 것은 불확실성에 맞선다는 의미이다. 그 삶은 회의와 모순으로 점철되어 있고, 아무도 관심을 두지 않을 뿐더러, 청중도 보상도 없을지 모르는 무언가를 무모하게 행한다는 것이다. 자신이 원하는 작품을 만든다는 것은 이러한 회의를 제쳐 두고 자신이 해놓은 것을 직시함으로써 나아가야 할 방향을 찾아내는 것이며, 원하는 작품을 만들어 내는 것은 작품 그 자체 내에서 자양분을 얻는 것을 의미한다."**16**

16.
데이비드 베일즈·태드 올랜드. 『예술가여, 무엇이 두려운가!(Art and Fear)』. 루비박스, 2006

　　디자이너는 예술과 비즈니스 사이에서 고민한다. 작업을 의뢰한 고객과 자신이 디자인한 작업을 볼 일반 대중 사이에서 '누구를 만족시킬 것인가'에 대해 갈등한다. 그리고 1명의 유명한 디자이너를 위해 뒤에서 작업을 돕는 100명의 숨은 디자이너는 자신의 정체성에 대해 고민한다. 예술가는 자신의 돈으로 전시회를 열면 되지만, 디자이너는 선택받지 못한 작업을 가지고 전시회를 열어 봐야 아무도 관심을 두지 않는다. 디자인은 기본적으로 자본주의 속성을 가지고 있기 때문이다.

　　이런 디자이너의 고민은 비즈니스 세계에도 있다. 수주 기업에서 제안 업무는 기피 업무 중 하나다. 4D 업무이기 때문이다.

Difficult : 기획하기도 어렵고, 글쓰기도 어렵고 내부 고객을 설득하기는 더 어렵다.

Dirty : 다른 부서에 구걸하듯이 지원을 요청하고, 야근에 철야를 해도 아무도 알아주지 않는다. 다들 당연하다고 생각한다.

Dangerous : 중요한 프로젝트에 실패하면 모든 원인을 제안에 돌린다. 잘못된 영업 활동은 눈에 잘 보이지 않지만, 수주에 실패한 제안서는 눈에 보인다. 실패한 제안서를 썼다는 이유로 회사에서 잘릴 수도 있다.

Dreamless : 이 일을 열심히 해도 조직 내에서 전망이 보이지 않는다. 관리자는 제안 책임자를 닳아지면 교체하면 되는 기계의 톱니바퀴쯤으로 생각한다. 더 힘든 건 주변 동료마저 '자기가 아니라서 다행'이라고 생각하는 것이다.

　　이런 상황에서도 기업의 제안 책임자는 묵묵히 일한다. 왜냐고? 누군가는 해야 할 일이며, 남들이 알아주지 않는 일이지만 타인(직장 동료)을 이롭게 하는 일이기 때문이다. 힘든 과정을 거쳐 수주에 성공하면 직장 동료가 앞으로 1~2년 동안 일할 프로젝트를 만들었기 때문이다. 스스로 만족할 수밖에 없다. 그마저 없으면 오늘을 버티기 힘들다. 유명한 디자이너 뒤에 숨은 100명의 디자이너와 같은 역할이 기업의 제안 책임자다.

　　2012년 웹툰으로 시작해 TV드라마까지 제작된 윤태호 작가의 『미생(未生: 아직 살아있지 못한 자)』을 보다가 메모해 둔 글이 있다. "어차피 한 팀이고, 누가 하든 우리 모두의 실적이라고 생각하고 넘어갈 수 있다면, 인류사에 전쟁이란 글자는 없었을 것이다."[17] 그래, 성과든, 진급이든 다 가져가라. 그러니 우리가 일할 때, 알지도 못하면서 제안 담당자에게 콩이니, 팥이니 간섭하지 마라. 숟가락을 얹어도 좋으니 제발 휘젓지만 마라. 기업의 관리자에게 하고 싶은 말이다.

　　디자이너가 작업을 직업이라기보다 삶의 방식으로 생각하듯이, 기업의 제안자는 하루하루 다양한 가치관을 접하고 뭐든지 맛본다는 여유를 가져야 한다. 비록 결과가 좋지 않더라도 모든 것은 다음의 더 큰 성과를 이루는 양분이 된다. 인생을 디자인하고 제안한다는 생각을 가져야 한다. 그리고 기업의 경영진은 그들을 진심으로 지원해야 한다. 하루하루 성과 평가가 아닌, 기업의 내일을 위해 소리 없이 일하는 이들이기 때문이다.

17.
윤태호. 『미생(아직 살아 있지 못한 자)-제6권』. 위즈덤하우스, 2014

제 3 장

조사하는 것부터 다르게

디자인과 수주산업은 고객이 요청해야 비즈니스가 시작된다. 가만히 앉아서 일 주기만을 기다릴 수 없기 때문에 마케팅을 한다. 규모가 큰 건설, 조선, 플랜트 수주산업은 대규모 마케팅을 통해 기업을 알릴 수 있지만 소프트한 수주산업인 설계, 엔지니어링, 컨설팅 분야는 상대적으로 어려울 수밖에 없다. 홈페이지를 만들고, 회사소개서와 브로슈어를 가지고 인적 네트워크를 통해 존재를 알린다. 드디어 고객으로부터 제안 요청이 온다. 이제 본격적으로 비즈니스를 위한 프로세스를 시작할 단계다.

〃 조사하는 원칙

고객 요청이 오면 디자이너가 가장 먼저 하는 것이 조사다. 그들은 사용자 입장에 서서 깊이 이해하고 관찰하는 것을 디자인적 사고의 핵심도구로 활용한다. 관찰하고 상상하여 구성하면서 문제를 해결할 방법을 찾는다. 디자인을 요청한 기업이 디자이너에게 비용을 주지만 디자이너가 관찰하는 것은 디자인된 제품을 사용할 최종 고객이다. 디자이너는 마트 쇼핑객, 사무직 근로자, 학생 심지어 병원의 환자도 그들의 궁극적인 고객임을 알고 있다. 고객을 더 잘 파악하기 위해 그들이 살고, 일하고, 노는 곳을 직접 가서 관찰하고 기록한다.

조사하고 관찰할 때 설문조사를 하는 경우가 있다. 하지만 설문조사 같은 전통적인 시장조사 방법은 혁신을 추구하는 디자인보다는 현재 제품과 서비스의 가치를 좀 더 좋게 만드는 점진적 혁신에 적합하다. 사람들은 불편한 상황에 너무나도 잘 적응하기 때문에 직접적인 질문에는 혁신적인 것보다 '좀 더 좋은 것'을 선택하기 때문이다. 포드 자동차 창업자인 헨리 포드(Henry Ford, 1863~1947)는 소비자의 이런 점을 간파하고 이렇게 말했다. "만약 내가 차를 만들려고 할 때, 소비자에게 뭘 원하느냐고 물었더라면 아마도 '더 빨리 달리는 말(馬)'이라는 대답을 들었을 것이다."

건축디자이너는 개인 주택 설계를 요청받으면 제일 먼저 건물이 위치할 땅을 조사한다. 땅이 가지는 물리적 특성은 물론 주변 건물과 도로, 방위, 바람의 흐름, 시각적 조망 그리고 법에 따른 조건까지 종합적으로 조사, 분석한다. 그 다음, 집에서 생활할 가족과 대화를 시작한다. 가족의 구성, 취향 그리고 생활 방식까지 질문을 통해 조사한다. 훌륭한 디자이너는 조사 단계에서 먼저 디자인 방향을 꺼내는 법이 없다. 디자이너는 항상 듣는 자세를 취한다. 고객이 살고 싶어 하는 집에 대한 이야기를 들으면서 땅이 가지는 여러 가지 조건들과 조합한다. 그리고 며칠 후 스케치 된 그림을 가지고 그 속에서 생활할 사람과 서로 아이디어를 이야기한다.

디자이너는 디자인을 위한 기준이 없으면 조사와 관찰을 통해 기준을 만든다. 그 기준은 디자이너가 만들지만, 고객 또는 이용자가 납득할 만한 수준이 되어야 한다. 건축디자인 분야에서는 이것을 '프로그램(program)'이라 한다. 영어 'program'의 어원을 살펴보면 고대 인도유럽어에 뿌리를 둔 그리스어 'pro(before) + graphein(to write, to drawing)'에서 유래되었다. 어떤 일을 시작하기 전에 '미리 기획하고 그려 본다'는 뜻으로 건축디자인 분야에서는 건축공간이 가져야 할 최소한의 필요조건, 크기 등이 이에 해당한다.

건물은 건축주가 1차 고객이지만 최종 고객은 건물에서 일하거나 생활하는 일반인들이다. 이용자의 행동 특성은 물론이고 심리, 체력적인 문제까지도 디자인 고려 조건으로 등장한다. 이런 부분을 조사, 관찰하여 기본 프로그램을 만들어 가는 분야가 건물 용도별 기준을 정리하는 '건축 각론(各論)'이다. 학교, 병원, 업무시설의 공간 요구조건은 다 다르다. 그래서 건축

디자이너는 디자인을 시작하기 전, 건물 용도에 따라 공간 요구조건·사용자 행동 특성 등을 조사하여 디자인을 시작하기 위한 프로그래밍을 만든다. 건축 디자이너는 최종 이용자를 불편하게 하지 않으면서도 1차 고객인 건축주의 요구조건(공사비 예산, 일정)을 만족시켜야 한다. 그리고 최소한 추하지 않은 건물을 디자인해야 하는 3중 부담감을 가지고 프로젝트를 이끌어 간다. 이런 것들이 건축디자인이 다른 산업디자인 분야보다 좀 더 힘들고 여러 분야의 디자이너 협력이 필요한 이유다.

　　그럼 수주기업에서 조사는 제대로 이루어지고 있을까? 현실은 이렇다. 제안 담당은 요청이 오자마자 기존에 유사한 제안 자료가 있는지를 먼저 찾는다. 영업담당은 영업과정에서 고객의 숨은 요구를 파악하지 못하고 겉도는 정보만을 진실인 양 제안 담당에게 제공한다. 그리고 고객이 공식적으로 제공한 제안요청서(RFP) 조건에 끼워 맞춘다. 고객의 숨겨진 문제에 대한 조사나 분석은 제대로 이루어지지 않는다.

　　수주산업은 기업과 기업(B2B : Business to Business) 간 거래다. 기업의 구매 담당자와 영업직의 관계 네트워크만으로는 한계가 있다. 고객인 기업의 구매 과정은 점점 투명해지고 있고, 의사결정이 한 사람에 의해 결정되기보다는 집단으로 이루어지고 있다. 이런 상황에서 고객의 숨겨진 요구를 파악하기 위해선 사전 영업단계가 중요하다. 고객의 공식적인 제안요청서가 나오기 전에 고객과의 면담을 통해 숨겨진 요구사항을 파악해야 한다. 실무담당자에게 얻은 정보는 한쪽으로 치우친 정보일 수 있다. 하나의 프로젝트이지만 고객의 실무 담당자, 프로젝트 책임자, 의사결정자가 프로젝트를 보는 시각이 다르다. 담당자는 자신의 업무를 덜어주거나 도와줄 조력자를 찾고, 책임자는 프로젝트 결과가 자신의 성과로 나타내게 해 줄 협력자를 찾는다. 최종 의사결정자는 자기 기업이 추구하는 가치를 더 높여줄 기여자를 찾는다.

이러한 정보들이 조사되어 해결방안을 제안해야 경쟁에서 이길 수 있다. 이런 정보들 외에도 고객이 하는 사업에 대한 이해, 기업 문화, 의사결정 방식 심지어 그들이 문서에 주로 사용하는 폰트, 소프트웨어 등에 대해 조사가 이루어져 제안 작업에 녹아 들어가야 한다. 그것을 얻는 방법은 질문과 경청 그리고 세밀한 관찰이다.

고객 요구

비즈니스에서 고객 요구를 찾아내는 것은 출발점이자 항

상 고민해야 하는 기업 생존의 화두다. 고객 요구는 기업의 비즈니스 유형에 따라 다르게 나타난다. 제품을 생산해 일반 소비자에게 판매하는 B2C(Business to Customer) 시장에서는 고객 요구를 필요(Needs)와 욕구(Wants), 2가지로 구분하여 설명한다. 경영학자 홍성태 교수는 이 둘의 차이를 다음과 같이 설명한다. "이제는 제품의 속성이나 특징처럼 '본질적 중심 요소'의 관점에서 벗어나 제품을 사용하는 고객의 심리를 만족시킬 수 있는 '비본질적 주변 요소'를 파악하는 것이 중요하다. 이때 제품의 중심 요소란 필요(Needs)를 충족시키는 것이고, 주변 요소는 욕구(Wants)를 충족시키는 것이라 볼 수 있다. 20세기 마케팅 키워드는 '니즈'였으나 21세기 키워드는 '원츠'다. 니즈는 '결핍' 내지는 '필요'라고 해석할 수 있다. 즉 없어서는 안 되는, 꼭 필요한 것이란 의미다. 반면 원츠는 '욕구'다. 없어도 살아가는 데 큰 지장이 없는 것이다. 아이러니하게도 '없어도 되는' 욕구를 자극하고 충족시키는 것이 오늘날 마케팅의 핵심이다."**18**

18.
홍성태, 『모든 비즈니스는 브랜딩이다』, 쌤앤파커스, 2012

꼭 필요한 것을 충족시키는 제품이나 서비스는 결국 가격경쟁으로 갈 수 밖에 없다. 없어도 되는 욕구를 자극하는 제품과 서비스만이 고부가가치를 창출할 수 있다.

이러한 욕구는 사회적 지위나 개성을 표현하거나, 소속감과 기쁨, 즐거움을 느끼려는 마음에서 나온다. 디자이너는 이러한 욕구를 찾아내기 위해 시장을 조사하고 목표 고객을 선정하여 그들의 취향을 관찰하여 디자인 작업의 기반을 마련한다.

B2B(Business to Business) 시장에서 고객 요구는 다르게 나타난다. 한 개인이 아니라 조직과 조직간 비즈니스이기 때문에 복합적으로 구성된다. 솔루션 셀링 분야의 독보적인 존재로 알려진 컨설턴트 키스 이즈(Keith M. Eades)는 『솔루션 셀링 전략』이라는 책에서 고객 요구는 3단계로 변화된다고 했다.[19]

1단계 - 잠재적 고통 : 문제를 발견했지만, 적극적으로 해결하지 않는 단계로 고객은 문제를 무시하거나 자기 합리화를 통해 덮어 두는 반응을 보인다. 이 단계에서 영업 담당은 고객이 문제를 제대로 인식할 수 있도록 도와주어야 한다.

2단계 - 인지적 고통 : 고통을 인지한 고객이 영업 담당과 개방적으로 대화하기 시작하는 단계다. 고객은 아직 어떤 행동을 해야 하는지를 모르고 뭔가를 해야 한다는 필요성만 느낀다. 영업 담당은 고객의 문제를 정확히 파악하여 그에 대한 해결책을 제시해야 한다.

3단계 - 문제 해결에 대한 비전 : 고객이 필요성을 느끼고 구체적으로 해결책을 찾기 위해 행동에 나서는 단계다. 이 단계에서 영업 담당은 자신이 제시한 해결책의 결과로 나타날 혜택, 투자 대비 효과 등의 비전을 제시해야 한다.

19.
키스 이즈, 『솔루션 셀링 전략(The New Solution Selling)』, 더난출판, 2006

국내 여건을 고려하면 수주산업에서 고객 요구는 '니즈 (Needs)', '원츠(Wants)' 그리고 '디맨드(Demand)' 3단계로 설정하면 이해하기 쉽다. '니즈'는 내부 조직에 업무를 수행할 자원이 없어 아웃소싱을 해야 하거나, 법적으로 전문 기업에 위탁해야 하는 상태를 말한다. 사옥을 짓고자 하는 기업이 건축사, 감리사, 시 공사의 필요를 느끼는 시점이다. '원츠'는 이런 필요가 조금 더 구체화하여 전문 기업 리스트를 조사하고, 자신들의 프로젝트 목표를 달성할 수 있는 역량을 가진 기업을 추려 내는 단계다. 마지막으로 '디맨드'는 자신들의 예산과 평가 기준 그리고 프로 젝트를 수행할 기업의 역량을 종합하여 업체 선정을 준비하는 단계다.

좀 더 쉽게 이야기하면 '니즈'는 "아, 배고파. 뭔가를 먹어 야 하는데……."라고 느끼는 단계이며, '원츠'는 "피자에 콜라를 먹고 싶은데……."처럼 보다 구체화한 사실로 나타나는 단계다. '디맨드'는 "피자를 먹고 싶지만, 근처에 피자집이 없어 버스를 타고 가야 한다. 주머니에 돈은 피자 먹기에는 조금 부족하다. 길 건너 맥도날드가 보인다. 내가 가진 돈으로 햄버거 세트를 주문하고도 2천 원이 남는다. 망설임 없이 길 건너 맥도날드로 간다." 자신이 가진 돈과 시간 그리고 남는 잔돈까지 생각해서 결정하는 단계다. 수주기업의 영업 담당은 이런 '디맨드'까지 파 악하는 영업을 해야 하며, 파악된 '디맨드'를 제안 담당과 초기 영업단계부터 공유하여 제대로 된 솔루션이 나올 수 있도록 해야 한다.

디자인 개요(Design Brief)와
제안 요청서(RFP : Request for Proposal)

디자이너는 일을 시작할 때 '디자인 개요(design brief)'를 매우 중요한 출발점으로 삼는다. 디자인 개요는 고객이 디자인을 의뢰할 때 제공하는 것이 일반적이지만 디자이너가 준비해야 하는 경우도 있다. 디자인 개요는 어떤 작업부터 시작해야 할지에 대한 윤곽을 잡아 주고 진행 수준을 측정하는 기준을 제공하는 일종의 심리적 제약이다. 동시에 예산에 따른 비용 결정, 동원 가능한 기술의 파악, 시장 세분화 등 수행해야 할 과제를 모은 하나의 집합이기도 하다. 건축 디자인의 프로그램도 디자인 개요를 구성하는 중요한 요소다.

논리 정연하게 구성된 디자인 개요를 분석하는 것은 기대하지 않았던 뜻밖의 것을 찾아내는 행운이나 예측 불가능한 것, 도무지 알 수 없는 변덕스러운 요소 등을 끄집어내는 작업이다. 이러한 불확실한 속성이야말로 혁신적인 아이디어가 무력무력 샘솟는 창조의 영역이기 때문이다. 하지만 너무나 추상적인 고객의 디자인 개요는 프로젝트팀을 안개 속에서 헤매는 상황에 빠뜨린다. 그리고 지나친 제약의 틀 안에서 시작된 프로젝트 또한 골칫거리가 되기 쉽다. 가시적인 결과물은 증가하겠지만 대다수가 조악한 수준에 그칠 가능성이 크다. 고객의 간섭이 많아질수록 디자이너의 창의력은 점점 줄어든다. 결국은 기존의 것, 아니면 문서 창고에서 먼지 쌓인 아이디어를 꺼내 조금 손볼 수밖에 없다. 그런데 의외로 이런 것을 선택하는 고객이 많다.

B2B 수주산업에서 고객은 자신의 프로젝트에 대한 제안요청서(RFP)를 작성해 경쟁에 참여한 기업에 배포한다. 프로젝트가 복잡하기 때문에 분량이 엄청나다. 100페이지는 기본이다. 국내 고객이 제공하는 제안요청서 내용을 100% 믿어서는 안 된다. 대부분의 제안요청서는 너무 형식적이고 허술한 부분이 많기 때문이다. 제안요청서를 작성한 고객 담당자마저 무슨 내용인지 모르는 경우도 있다. 하지만 공식적인 자료이기 때문에 완전히 무시할 수는 없다. 제안요청서를 검토해 중요성을 따져야 한다. 특히 평가에 영향을 미칠 요소들을 추려내 그 내용이 불합리해도 따라주는 것이 정석이다.

제안요청서보다도 중요한 것은 사전영업 과정을 통해 얻은 고객의 숨은 요구다. 이런 요구(원츠, 디맨드)에 대한 해결책이 반드시 제시되어야 한다. 미국의 한 조사 결과에 따르면 제안요청서의 조건에 모두 대응하고 논리적으로도 훌륭한 제안서의 성공률이 52%밖에 안 된다고 한다. 그 원인은 공식적인 제안요청서의 요구사항은 모두 반영했지만, 고객의 숨은 요구사항이 반영되지 않았기 때문이다.

과정을 거쳐야 결과를 볼 수 있다

비즈니스 시각에서 보면 디자이너 작업 과정은 무질서해 보인다. 비즈니스 과정은 분석적 사고에 근거해서 문제를 주면 바로 해결 모드로 들어간다. 훈련받은 분석적 사고자인 과학자, 기술자에게 '미결' 문제는 불편하다. 그들은 열심히 답을 내고자 계속 머리를 쓴다. 일상적인 문제 해결 상황이라면, 그리고 답이 한 개만 있는 경우라면 그 방법은 매우 효율적이다.[20] 하지만 디자인은 답이 하나일 수 없다. 수많은 아이디어와 선택 요소 중에서 최적을 찾아내는 것이 디자인이다. 디자이너는 이런 과정을 최종 결과물이 나올 때까지 수없이 반복한다. 합쳤다가 분해하고, 다시 합치는 과정이 디자인 프로세스다.

영국은 오래전부터 디자인을 국가의 주요 정책으로 삼아 지속적인 혁신을 진행해 왔다. 그 중심에 '영국 디자인 위원회

20.
톰 켈리·데이비드 켈리. 『유쾌한 크리에이티브』. 청림출판, 2014

21.
www.
designcouncil.org.
uk

(UK Design Council)'가 있다. 영국 디자인 위원회는 1944년 12월, 윈스턴 처칠(Winston Churchill) 정부에 의해 2차 대전 후 영국 산업 분야의 디자인 역량을 향상할 목적으로 설립되었다.[21] 이후 1979년 수상이 된 마가렛 대처(Margaret Hilda Thatcher, 재임기간 : 1979~1990)는 "좋은 디자인이야말로 국가적 명성을 가져다주며, 미래에 우리 경제가 경제력을 갖추는 데 필수 불가결한 요소입니다"라며 디자인을 국가적 차원에서 뒷받침하겠노라 천명했다. 토니 블레어(Tony Blair, 재임기간 : 1997~2007) 수상 또한 "영국의 성공은 우리의 가장 가치 있는 자산, 즉 창의력과 혁신력 그리고 디자인 파워를 얼마나 잘 활용하느냐에 달려 있습니다. 디자인은 오늘날 지식주도 경제의 중심입니다"라며 디자인의 중요성을 주장했다.

영국은 1944년부터 디자인이 미래 산업의 주역임을 알아채고 정부가 70년 동안 일관되게 디자인 산업을 지원함으로써 영국 경제를 되살리는 힘을 얻게 된다. '영국 디자인 위원회'는 산업 디자인뿐만 아니라 2011년 건축·환경 분야 자문기구였던 'CABE(the Commission for Architecture and Built Environment)'를 통합하여 영국 디자인을 총괄하는 단일 자문 위원회가 되었다.

'영국 디자인 위원회'는 디자인에 관한 많은 조사와 연구를 진행한다. 위원회는 2005년 디자인 프로세스를 간단하게 표현하기 위한 'Double Diamond'를 개발해 냈다. '발견하기(dis-

cover)', '정의하기(define)', '발전시키기(develop)', '결과 도출하기(deliv-
er)'. 4단계로 구성된 디자인 프로세스 다이어그램은 디자이너들
의 다양한 사고방식을 보여 주는 아이디어의 확산과 수렴 단계
로 구성된다. 그리고 2007년 조사를 통해 11대 글로벌 브랜드
회사의 디자인이 이와 유사한 프로세스를 거친다는 것을 증명
했다.[22]

22.
'11 lessons :
Managing design
in 11 global
brands(2007)', UK
Design Council

[Double Diagram Design Process (출처 : UK Design Council)]

이 프로세스 다이어그램의 핵심은 아이디어 확산과 수렴
과정을 보여 주는 하얀 부분에 있다. 프로젝트 시작인 'discov-
er' 단계에서는 다양한 아이디어를 모으고, 조사를 진행하고 관
찰한다. 고정된 관념이 아닌 다양한 생각의 범위를 최대한 확산
시켜 선택의 폭을 넓히는 단계다. 'define' 단계는 이렇게 모인
정보와 아이디어를 프로젝트의 요구 조건과 서로 교차시키면서
생각을 수렴하여 선택을 결정하는 단계다. 이 과정의 결과로 프

로젝트 '문제가 분명하게 정의(problem definition)'된다.

확실하게 정의된 문제에 대한 해결책을 찾아가는 'develop' 단계에서 다시 확산적 사고방식이 적용된다. 가능한 모든 해결방법에 대한 아이디어를 찾고, 검토하고 발전시켜 나간다. 마지막 'deliver' 단계는 많은 아이디어를 수렴해 찾아낸 해결방법을 프로토 타입(proto-type)을 만들어 테스트하고 관찰한다. 그 결과로 최적의 디자인이 고객에게 제안된다.

이런 확산과 수렴이라는 과정을 거치는 디자이너 사고방식은 기업의 관리자에게는 비효율적이고 시간만 낭비하는 것처럼 보인다. 기업 관리자는 문제를 해결하는데 집중적 사고만을 적용하는 훈련을 받아 왔기 때문이다. 집중적 사고는 현존하는 여러 가지 대안을 놓고 최종 결정을 내리는 실용적 방법이다. '깔때기'를 통해 나오는 하나의 해결 방안만을 찾는다. 당장 문제를 해결하는 가장 효율적인 방법이다. 하지만 근본적인 문제를 해결하거나, 새로운 도전에 직면했을 때 해결 방안을 찾기에는 부족한 사고방식이다. 회의실에 모아 놓고 "새로운 아이디어 없나?"라고 아무리 다그쳐도 아이디어는 나올 수 없다. 설령 획기적인 아이디어가 있어도 "지금, 당장"이라는 말 한마디로 사그라져 버리기 때문이다.

그만큼 혁신적인 아이디어는 내놓기도 힘들지만, 관리자만 득실거리는 비즈니스 환경에서는 아이디어가 살아 숨 쉴 구멍이 보이지 않는다. 하지만 전혀 엉뚱한 이야기만 아니라면 관리자는 결과와 상관없이 다양한 모습의 아이디어를 인정해야 한다. 노벨상을 두 번이나 수상한 미국의 화학자 라이너스 칼 폴링(Linus Carl Pauling, 1901~1994)이 "좋은 아이디어를 얻는 최상의 방법은 많은 아이디어를 가져보는 것이다.(The best way to get a good idea is to get a lot of ideas.)"라고 한 것처럼 말이다.

비즈니스에서 기획을 하든, 영업 제안을 하든, 시작단계에서는 모든 아이디어를 받아들일 자세가 되어야 한다. 제안 책임자는 상사의 강압적인 지시, 회사의 복잡한 의사결정, 촉박한 일정 등이 힘들게 해도 전체 시간의 30%는 새로운 생각을 하는 데 보내야 한다. 그래야 스스로 발전하고 현재의 문제뿐만 아니라 미래의 문제가 닥치더라도 해결하는 능력을 배운다. 새로운 비즈니스를 다시 시작하고, 경쟁에서 이기는 영업 제안을 정말 원한다면 디자이너처럼 생각하고 고민해야 한다.

혁신적인 아이디어는 뚝딱해서 나오는 것도, 잠시 내가 불편한 것을 임시로 해결하는 데서 나오는 것이 아니다. 수많은 책을 읽어도 이런 문제점을 볼 수 없으면 '그냥 많은 책을 읽은 것'이다. 디자인 사고방식을 비즈니스에 접목하고 있는 IDEO의 CEO인 '팀 브라운(Tim Brown)'은 혁신적인 아이디어를 찾아내고 이해하는 방법에 대해 다음과 같이 이야기한다.

"지속적인 혁신은 일련의 순서를 질서정연하게 밟는 과정이라기보다는 상상의 공간들이 서로 겹치고 포개지는 시스템이라는 것을 알아야 한다. 이 공간에 의미 있는 이름을 붙이자면 '영감(inspiration)', '아이디어(ideation)', '실행(implementation)'으로 부를 수 있다. '영감의 공간'은 해결책을 찾아 나서도록 동기를 부여하는 환경을 뜻한다. 그 환경이 걸림돌이 될 수도 있고 기회가 될 수도 있다. '아이디어 공간'은 해결책을 도출하는 데 도움이 되는 아이디어를 제안하고 발전시키고 테스트하는 과정이다. '실행의 공간'은 작업실을 떠나 시장으로 나가는 발걸음을 의미한다. 디자인 프로젝트를 진행하다 보면 팀원들의 아이디어를 정교하게 다듬고, 새로운 방향을 탐색하는 과정을 여러 차례 거치는 만큼 최소한 한 번 이상 이 세 공간을 통과하게 된다. 디자이너 작업이 산만해 보이는 것은 전문가로서 훈련이 덜 되어 있기 때문에 작업이 비선형적이고, 반복적인 것은 아니다. 그 이유는 근본적으로 실험적, 모험적 과정을 바탕으로 하는 디자인 사고의 속성 때문이다."[23]

23.
팀 브라운. 『디자인에 집중하라(Change by Design)』. 김영사, 2010

　　　디자이너는 프로젝트가 실패했을 때 디자인 해결책을 최종 선택한 자신을 탓하지, 결코 과정의 실패를 원인으로 돌리지 않는다. 그래서 디자이너는 남을 탓하기보다는 자기 자신을 먼저 돌아본다. "내가 왜 이 선택을 했나?" 그래서 디자이너는 항상 다음 프로젝트를 기다린다. 그 실수를 다시 하지 않기 위해서.

조사된 자료와 정보를 관리하기 : 프로젝트 노트

디자인 작업이든, 비즈니스 제안 작업이든 수많은 자료를 읽고 정보를 모은다. 이런 자료와 정보를 효율적으로 관리하지 않으면 아이디어가 제안전략과 세부 콘텐츠까지 연결되지 않는다. 모인 자료와 정보는 아무런 역할도 못 하고 책상 한쪽에 쌓여 있다. 이런 문제를 해결하기 위해 나는 '프로젝트 노트'를 20년 동안 사용하고 있다.

디자인 프로젝트든, 수주영업 제안 프로젝트든 하나의 프로젝트를 수행하는 과정에는 많은 자료와 정보가 필요하다. 이런 정보를 관리하기 위해 프로젝트가 시작되면 나는 가장 먼저 '프로젝트 노트'를 준비한다. A4(210×297mm)나 B5(182×257mm) 크기의 스프링 노트는 문구점에서 쉽게 구할 수 있다. 매수는 80~100페이지가 적당하다. 이 노트에 프로젝트 시작부터 수집되는 자료와 정보의 주요 내용을 메모해 간다. 수험생 노트처럼 형광펜이나 컬러펜으로 예쁘게 정리하지 않아도 된다. 누구에게 보여 주기 위한 노트가 아니고 내 생각을 정리하기 위한 노트이기 때문이다. 글씨를 못 쓴다고 노트에 손으로 쓰는 것을 두려워하는 사람들이 있다. 악필이어도 괜찮다. 자신만 알아볼 수 있으면 된다.

노트가 준비되면 이제 자료와 정보들을 하나둘씩 정리

해 간다. '프로젝트 노트'를 효과적으로 활용하는 5가지 방법을 소개한다.

1) **반드시 손으로 적는다** : 눈으로 읽고, 머리로 생각하면서, 손으로 적으면 최소 3개 감각기관이 동시에 이용된다. 손으로 적은 내용은 기억에 오래 남고 내 것이 된다. 처음에는 시간이 많이 걸려 귀찮다. 하지만 몇 번 하다 보면 익숙해진다. 자료 내용 전체를 옮기지 말고 요점과 키워드 중심으로 정리한다. 표나 그림으로 된 자료일 경우 복사해 오려 붙이면 된다.

[프로젝트 노트 작성 사례 : 왼쪽은 항상 비워 둔다]

2) **노트의 왼쪽은 비워 둔다** : '프로젝트 노트'는 학교에서 필기하듯이 왼쪽, 오른쪽을 다 사용하게 되면 나중에 관련 정보가 추가로 생겼을 경우에 서로 연계시키기 어렵다. 관련된 정보를 다른 페이지에 정리하면 다른 정보가 된다. 비워 둔 왼쪽

면에 나중에 추가되는 관련 자료와 정보를 메모하면 자료가 서로 연결된다. 더 많은 추가 자료가 생길 경우에는 포스트잇을 이용해 메모한다. 이렇게 하면 하나의 소주제와 관련된 여러 자료가 연결된 중요한 정보 메모가 된다.

3) 자료와 정보의 출처를 적는다 : 제안 프로젝트를 진행하는 과정에서 많은 자료를 읽는다. 하지만 내용만 메모하면 시간이 조금만 지나면 어디에서 읽은 건지, 누가 제공한 정보인지 알 수 없다. 자료 제목, 해당 페이지, 정보 출처 등을 같이 메모해야 원본을 바로 찾을 수 있어 시간이 절약되고 활용이 편하다. 무엇보다도 누가 시비를 걸어와도 근거를 가지고 있어 자신감이 생긴다.

4) 프로젝트 진행되는 과정에서 지속해서 노트를 찾아본다 : 정보를 노트에 손으로 메모하면 머릿속에서 잠시 잊어버려도 된다. 프로젝트 진행 중에는 수많은 자료와 정보들이 머릿속에 들어온다. 이런 것을 머릿속에 다 저장하지 못한다. 넘쳐나는 정보는 프로젝트 진행을 정체시키는 원인이다. 이러한 정보를 노트에 메모하여 일시적으로 머리에서 지움으로써 새로운 정보를 받아들일 여유가 생긴다. 노트에 메모한 후, 프로젝트 진행 과정에서 메모한 내용을 다시 보면서 필요한 정보는 다시 확인하

고, 필요 없는 정보는 빨간색으로 지우면 된다. 이런 과정이 반복되면 핵심 정보만 남게 된다.

5) 프로젝트 노트는 버리지 말고 활용한다 : 1, 2년만 할 업무가 아니라면 프로젝트 노트는 계속 보관하는 것이 좋다. 비즈니스 환경에서는 비슷한 프로젝트가 많이 발생한다. 비록 이전 프로젝트에서는 중요하지 않은 정보와 아이디어였지만, 새로운 프로젝트에서는 활용할 수 있다. 지난 프로젝트 노트를 보면서 부족했던 점을 다시 생각하고, 미처 생각지 못했던 아이디어를 찾는다.

직장생활을 2~30년 했어도 떠날 때 가지고 나올 것이 별로 없다. 직장인은 회사에서 '자기 일'을 한 것이 아니라, '회사가 시킨 일'을 했기 때문이다. 해마다 업무를 메모한 다이어리도 필요 없다. 하지만 '프로젝트 노트'는 비록 회사 일을 하면서 정리한 것이지만 '내 생각이 들어가 있는 흔적'이기 때문에 소중하다. 그래서 직장을 떠나 '내가 하고 싶은 일'을 할 때 많은 도움이 된다. '프로젝트 노트'는 직장생활의 경험이 오롯이 녹아있는 '나만의 앨범'이다.

통찰력을 얻는 방법 _ '공감'

사람에게 필요한 제품이나 서비스를 디자인하는 디자이너가 통찰력을 얻기 위한 방법은 밖으로 나가 출퇴근하는 사람들, 놀이터에서 노는 아이들, 온종일 뛰어다니는 택배 아저씨 등 실제로 그들이 어떻게 하루하루를 보내는지 유심히 지켜보는 것이다. 즉, 사람 중심의 사고를 한다. 요즘 전 세계적으로 인기를 끌고 있는 일본 '무인양품(無印良品)'의 디자이너가 디자인 초기에 조사하는 방법 중 제일 중요시 하는 것이 '관찰'이다. 소비자의 생활 속으로 들어가 그들이 진정 원하는 요구를 알아내고, 그들이 필요한 것을 디자인한다. 하루에 10분을 사용하고 나머지 시간은 그냥 그 자리에 있더라도 '소비자의 삶'이 되는 그런 제품을 무인양품은 디자인한다.

좋은 디자인은 '나 디자인 됐어'라고 스스로 자랑하는 것이 아니다. 스스로 자랑하는 디자인은 2000년대 후반 유명 디자이너들이 디자인했다고 광고한 모 기업의 에어컨, 냉장고의 외관 디자인이다. 에어컨, 냉장고 외관에 유명 디자이너 사인이 있다고 좋은 것인가? 그건 그냥 상점에 간판만 바꾼 것이다. 좋은 디자인적 사고는 제품과 서비스를 만들 때 인간 대 제품, 더 나아가서는 인간 대 인간의 관계를 분석하는 작업이다. 결코, 포장이 아니다.

우리는 사람과 어울리면서 느끼는 공통의 감정을 '공감(共感, empathy)'이라 부른다. 비슷한 단어로 동정(同情, sympathy)이 있다. '동정'은 다른 사람과 마음을 같이 한다는 뜻이지만, '공감'은 다른 사람의 마음을 깨닫는 것이다. 다른 사람의 마음을 깨닫는 '공감'이라는 귀중한 요소는 집중적이고 분석적인 사고의 결과로는 나올 수 없다. 예를 들면, 의사가 진단의 나쁜 결과를 통보해 주는 전달자 역할만 한다면 '동정'이지만, '치료'의 목적으로 환자를 대하면 '공감'이다. 안 좋은 검사 결과가 나와도 그것의 판을 바꾸기 위해 의사와 환자가 서로 같은 생각을 가지고 서로 노력하는 것, 그것이 '공감'이다.

비즈니스 환경에서 '공감'은 우선 내부에서 만들어야 한다. 그래야 외부 경쟁자와 싸움에서 이길 수 있는 내부 경쟁력이 키워진다. 어떤 기업이든 시작단계에는 모두가 '공감'을 갖고 출발한다. 시작부터 공감이 없으면 한 걸음도 갈 수 없기 때문이다. 하지만 기업이 안정화되면 '공감'은 귀찮아진다. 관리의 시간이 시작된다.

관리의 시간이 시작되면 기업은 고도화를 위한 경영 기법들을 도입한다. 전사자원관리(ERP, Enterprise Resource Planning), 전사품질관리(TQM, Total Quality Management), 식스 시그마(6 Sigma) 관리 기법, 지식경영관리(KM, Knowledge Management), 고객 관계관

리(CRM, Customer Relationship Management) 등이 대표적이다. 이런 기법은 기업을 체계적이고 효율적으로 운영할 수 있게 해준다. 하지만 이런 것들은 드러난 문제는 해결할 수 있지만 새로운 것을 시작하는 데는 별 도움이 안 된다. 오히려 시간이 흐를수록 관료화되거나 모든 문제를 숫자로만 판단하려는 현상까지 나타난다. 점점 기업에서 사람이 사라진다. 직원도, 고객도 모두 하나의 숫자일 뿐이다.

이런 현상에서 벗어나기 위해서는 직원과 고객을 다시 바라보고 그들과 '공감'하려고 노력해야 한다. 경영자와 팀의 책임자는 디자이너가 소비자를 관찰하여 디자인 영감을 얻듯이, 현장에서 직원과 고객이 일하는 모습과 문제를 파악해 그들과 공감하려고 노력해야 한다. 그것이 지속 가능한 비즈니스를 만드는 여러 방법 중 하나다.

제 4 장

핵심 찾기
_개념과 전략

Finding the Key

디자이너에게 '개념(concept)'은 사랑하고, 미워하고, 집착하는 존재다. '개념'은 조사와 관찰로 발견된 프로젝트 문제를 풀어 나가는 디자이너만의 열쇠다. 제대로 찾아낸 열쇠, '디자인 개념'은 프로젝트 문제 해결뿐만 아니라 고객 비즈니스에 커다란 성공을 가져온다. 수주기업의 영업 활동에서 '전략(strategy)'은 프로젝트를 수주하려는 방법이다. '제안 전략'은 고객에게 우리 제품, 서비스가 효과적임을 알리고 경쟁사와 차별화된 방법을 제안함으로써 최종 경쟁에서 이기는 것이다. '개념'과 '전략'은 서로 같을 수도, 다를 수도 있다.

디자인 개념 vs 제안 전략

디자인 개념과 관련된 재미있는 일화가 있다. 프랑스에서 태어나 미국에서 활동한 산업 디자이너 '레이몬드 로위(Raymond Loewy, 1893~1986)'이야기다. 레이몬드 로위는 20세기 산업디자인 분야의 독보적인 디자이너로 기업의 로고, CI는 물론 자동차,

기차까지 디자인했다. 1960년대에는 미국 대통령 전용기인 '에어 포스 원(Air Force One)'을 디자인했다.

1940년 어느 가을날, 로위에게 아메리칸 토바코(American Tobacco) 사장인 조지 워싱턴 힐(George Washington Hill)이 찾아와 주력 상품인 럭키 스트라이크(Lucky Strike) 포장디자인을 요청했다. 로위는 흔쾌히 승낙했고 힐은 50,000달러(현재 가치로는 약 8억5천만 원)를 주었다. 자리를 뜨면서 힐은 언제쯤 작업이 완료되겠냐고 물었다. 로위는 대답한다. "아, 그건 저도 모릅니다. 하지만 어느 화창한 봄날, 럭키 스트라이크 디자인을 하고 싶은 마음이 용솟음치면, 몇 시간 내로 해결될 겁니다. 그때 연락드리겠습니다."[24]

오늘날, 이런 디자이너에게 일을 맡길 고객은 없다. 시간은 고객 비즈니스에서 매우 중요한 요소이기 때문이다. 이 이야기는 디자이너에게 개념이 매우 중요하다는 것을 알려 준다. 지금의 디자이너는 제한된 시간 안에 디자인해야 한다. 번뜩이는 영감이 떠오를 때까지 기다릴 수 없다. 그래서 디자이너는 조사, 관찰, 공감 등의 디자인 사고방식을 적용하고 개인이 가진 역량을 뛰어넘기 위해 팀 작업을 한다. 그 과정에서 최상의 개념을 선택하는 것이다.

비즈니스 기업에서는 '개념'보다는 '전략'이라는 용어를 사용한다. '전략'이라는 단어가 '개념'이란 단어가 주는 어감보다

24.
팀 브라운. 『디자인에 집중하라(Change by Design)』. 김영사, 2010

체계적이고 분석적인 느낌을 주기 때문에 더 좋아하는지 모르겠다. 어쨌든 기업에서는 '전략'을 중요한 의사소통 단어로 사용한다.

전략에 대해 3,000년 인류 역사 속에서 국가·인간·군사·경영 전략을 다룬 『전략의 역사』[25]라는 책을 보면 "전략은 고대 그리스로부터 시작해 중세와 근대를 거치면서 '전쟁의 기술(전쟁술)'이라는 뜻으로 사용되었다"고 한다. 19세기 영국 군대에서는 전략은 '사령관이 대규모인 부대의 이동과 작전 수행을 계획하고 지시하는 기술'이고, 전술은 '전투를 벌이거나 적과의 대면이 임박한 시점에 부대를 운용하는 기술'이라고 생각했다.

1970년대부터 '기업전략'이라는 단어가 사용되기 시작했고, 2000년대에 들어서는 '기업전략'이라는 용어는 '군사전략'이라는 용어보다 더 많이 사용된다. 전략이라는 것은 국가나 기업이 사활을 걸 중대한 결정을 내릴 때만 사용되는 것이 아니라 보다 일상적인 문제에도 적용된다. 기업의 최고 경영진은 전반적인 기업전략을 책임진다. 그러나 자재공급, 마케팅 관리, 인적자원관리 등 기업 활동의 각 부분에는 제각기 다른 전략이 필요하다. 수주기업의 제안 전략도 마찬가지다.

수주기업이 경쟁 입찰이라는 전쟁에서 제안 전략을 세울 때는 자신, 경쟁자 그리고 고객이라는 세 가지 관점에서 수립해

25.
로렌스 프리드먼,
『전략의 역사(원제
Strategy : A History)』,
비즈니스북스, 2014

야 한다. 자신의 강점과 약점은 무엇이고, 경쟁자의 강점과 약점 그리고 고객이 프로젝트에서 고민하는 문제가 무엇인지를 파악하여 전략을 수립해야 한다. 이런 전략은 반드시 프로젝트 특성에 대해 조사된 자료와 고객에 대한 정보를 바탕으로 이루어져야 한다. 전략을 수립할 때 필요한 세 가지 관점을 좀 더 자세히 살펴보면 다음과 같다.

1) 프로젝트에 대한 자신의 강점과 약점 : 제안하는 프로젝트에 대해 자신이 가진 기술적·인적 자원이 강점을 가지고 있다면 그 장점을 극대화할 수 있는 제안 전략을 세워야 한다. 이런 전략은 경쟁자가 따라올 수 없는 차별화된 전략이어야 한다. 경쟁자와 비슷한 전략은 고객을 고민하게 만들고 결국은 가격 경쟁으로 가게 만드는 요인이 된다. 고객도 알고 있고, 경쟁사가 파고들 수 있는 약점이라면 솔직하게 드러내는 것이 낫다. 그리고 약점을 솔직하게 인정하는 대신, 그 약점을 보완할 방법을 제시해야 고객이 안심할 수 있다.

2) 경쟁자의 강점과 약점 : 수주산업에서 제안 경쟁 입찰은 최소 2개 이상 기업이 참여해야 입찰이 성립된다. 항상 경쟁자가 있기 때문에 경쟁자에 대한 분석과 모니터링은 꼭 필요하다. 하지만 이것을 놓치는 기업이 많다.

한 분야의 선두를 달리는 기업일수록 이런 현상이 두드러진다. 자신의 강점만으로도 이길 수 있다는 자신감이 넘치기 때문이다. 이런 자신감은 종종 자만심으로 변한다. 그래서 경쟁사에 대한 분석을 너무 가볍게 생각한다. 하지만 수주 경쟁에서는 많은 변수가 작동한다. 사람이 만든 기준에 따라 몇몇 사람이 평가하기 때문이다. 경쟁사의 약점을 공격하는 것이 아니라 고객의 프로젝트를 위해 정말 필요한 조직임을 강조하다 보면 자연스럽게 경쟁사와 차별이 생긴다. 그리고 수주산업은 계약 후 실행하는 과정이 더욱 중요함을 강조하고 성공사례를 증거로 제시하면 고객의 마음은 신뢰로 바뀐다.

3) 고객의 보이지 않는 문제 '디맨드(demand)' 해결 :

자신의 강점과 경쟁사의 약점을 기본으로 제안 전략을 세워도 고객의 진짜 문제, 즉 '디맨드'에 대한 솔루션을 제안하지 못하면 '도토리 키재기' 같은 경쟁이 되어 버린다. 고만고만한 상황에서 어쩔 수 없이 선택했다는 느낌을 가진 고객의 불안은 프로젝트를 수행하는 내내 이어진다. 처음부터 고객 만족을 시킬 기회가 사라진다.

디자이너의 '개념'과 비즈니스 기업의 제안 '전략'은 같으면서도 다른 점이 있다. 가장 큰 차이는 '설득'과 '경쟁'이다. 디자인은 정답이 없기 때문에 디자이너는 작업을 의뢰한 고객과 일반 소비자를 '설득'하기 위해 '개념'을 고민한다. 디자인 '개념'에는 논리적인 분석뿐만 아니라 감성적인 접근이 중요하게 포함된다. 오른쪽과 왼쪽 뇌, 두 가지를 동시에 공감시킬 수 있어야 한다.

비즈니스 기업은 조금 다르다. 비즈니스 기업의 제안 '전략'은 경쟁에서 이기기 위해 논리적인 분석 과정을 거쳐 나온 결과를 우선 선택한다. 하지만 논리적인 분석을 통해 나온 '전략'은 필요조건일 순 있지만, 충분조건은 아니다. 잘못하면 전략이 자신이 해 줄 수 있는 자랑만 나열할 수 있다. 이런 전략은 경쟁사도 생각하고 있고 바로 따라한다.

전략 경영의 대가 '마이클 포터(Michael Porter)'가 "전략의 요체란 무엇을 하지 않을지를 선택하는 것, 좋은 전략이란 핵심 목표에 자원과 노력을 집중한다. 단순히 'to do list'를 전략으로 인식하지 마라" 이야기한 것처럼 말이다. 충분조건이 되기 위해선 감성이 있어야 한다. 고객의 문제를 동감하고 내 일처럼 해결해 줄 수 있다는 '믿음의 개념'이 전략에 있어야 한다. '믿음의 개념'은 고객이 최종 선택을 하는 중요한 요인으로 작용한다. 그렇게 보면 디자이너의 '개념'과 비즈니스 기업의 제안 '전략'은 고객 문제를 해결하는 같지만 다른 방법이다.

개념과 전략의 대상 : Customer & Client에 대한 이해

우리는 보통 '고객'이라는 한 단어로 사용하지만, 영어는 고객을 'customer', 'client'라 구분한다. 온라인 사전인 'Oxford living Dictionaries'[26]에서는 'customer'는 "상점이나 회사로부터 물건이나 서비스를 구매하는 사람(A person who buys goods or services from a shop or business)"으로, 'client'는 "법률가 또는 다른 전문가나 회사의 서비스를 이용하는 사람이나 조직(A person or organization using the services of a lawyer or other professional person or company)"로 정의한다. 'customer'는 일반 소비자, 'client'는 전문적인 일을 위탁하거나 조언을 받는 의뢰인이라는 느낌이 강하다. 손님이라는 뜻의 영어 'visitor'와 'guest'의 어감 차이랑 비슷하다.

디자인 회사나 수주기업 입장에서 보면 고객은 'client'에 가깝다. 마케팅 분야의 일인자로 알려진 '필립 코틀러(Philip Kotler, 1931~)'는 'client'와 일하는 전문기업의 특징을 "첫째, 전문회사 직원은 고객(client)에 대해 훨씬 더 많은 정보를 가지고 있다. 둘째, 이들 회사의 직원은 고객(client)을 만족시키고 돕는 데 많은 시간을 할애한다. 셋째, 이들과 고객(client)과의 관계는 지속적이며 친근감과 공감대로 이어진다."[27]라고 했다. 이런 특성을 가진 고객을 우리는 '단골'이라고 부르기도 한다.

비즈니스를 하는 조직이 고객에 대한 정의가 모호하면 많

26.
https://
en.oxforddictionaries.
com/

27.
필립 코틀러, 『미래형 마케팅(Kotler on Marketing)』, 세종연구원, 1999

은 시행착오를 겪는다. 기업의 관리자는 대개 선택을 회피하는 습관에 젖어 안이하게 고객을 정의한다. 핵심고객보다는 다양한 고객을 대상으로 마케팅하고, 조직에 핵심가치를 불어 넣기보다 는 바람직한 모든 행동을 나열한 지침 목록을 만든다. 그러면 직원은 선택의 위험을 피하려고 무턱대고 열심히 한다. 하버드 경영대학원 경영학 교수인 '로버트 사이먼스(Robert Simons)'가 이야기한 '하버드 대학의 고객은 누구인가?'[28] 사례를 살펴보자.

28.
로버트 사이먼스,
『전략을 보는 생각
(Seven Strategy
Questions)』. 전략시
티, 2015

　　"몇 년 전 하버드대학교에서 나를 포함한 교수진은 무심코 한 발언으로 심각한 문제를 초래했다. 우리는 신입생 환영회에서 학생들에게 '너희들이 우리의 고객'이라고 말했다. 그런데 학생들이 진짜 고객처럼 행동하면서 문제가 생겼다. 학생들은 경험이 부족한 교수들에게 불만을 내뱉었고, 교재를 바꾸기 위해 영향력을 행사했으며, 교내에서 자원이 할당되는 방식을 자신들이 원하는 대로 해달라고 요구했다. 문제가 생기자 교수들은 하버드대학교의 핵심고객에 대한 정의를 다시 했다. 하버드대학교의 핵심고객을 '우리가 창출한 새로운 생각과 지식을 활용하는 다양한 학계 전문가'라고 수정했다. 이렇게 정의하자 학생들은 상호 작용하는 교육 과정의 참여자, 새로운 생각과 연구를 제안하고 실험하며 토론을 이끌어 가는 동반자로 변했다."

　　이처럼 어떤 고객이 우리의 핵심 고객인지 제대로 알고 있어야 실제 행동으로 이끌 수 있다. 경영상황에 따라 바뀌는 고객의 정의가 아니라 기업의 '업의 본질'에 대한 깊은 고민을 통해 나온 '핵심고객 정의'가 최고경영자부터 말단 직원까지 똑같이 공유되어야 진정한 행동을 이끌 수 있다.

　　코틀러가 이야기한 것처럼 단골고객에 대해 기업은 많은 정보를 가지고 있어 고객이 굳이 요청하지 않아도 필요한 것을 찾아 제공하고 더 좋은 솔루션을 제안해야 한다. 단지 계약 때문에 움직이는 것이 아니라 고객 비즈니스 성공을 위해 더 좋은 방법을 찾아 제안하는 동반자가 되어야 한다. 단골 고객을 만드는 데는 많은 시간과 노력이 필요하다. 이렇게 어렵게 만든 고객이지만 사소한 실수 하나 때문에 고객은 바로 떠난다. 디자인 회사는 고객의 입장을 고려하지 않고 자기주장만 하는 디자이너 때문에, 수주기업은 변화하는 시대 변화와 고객 상황을 고려하지 않고 관계 위주의 영업이 최고라고 주장하는 영업 담당 때문에 단골 고객은 항상 떠날 준비를 하고 있다. 이런 현상은 디자인 기업이나 수주기업에서 언제든지 발생한다.

　　디자이너의 자기주장이 고객을 난처하게 만든 사례를 살펴보자. 많은 기업과 정부에서는 CI 작업의 하나로 심벌마크나 로고를 만들거나 바꾼다. 수개월에 걸쳐 조사하고 기획하여 '전략적 개념'을 도출한다. 그리고 디자인 회사에 로고 디자인을 의뢰한다. 디자인 회사는 사전에 도출된 전략적 개념을 이해하기

보다 뭔가 심미적으로 눈을 끄는 '디자인 개념'에 빠져 의미도 없는 대안을 만들어 온다. 의뢰한 기업과 정부는 전략적 개념은 이미 잊어버리고, 디자인 자체에 현혹되어 의사결정을 한다. 그리고 그 선택된 디자인에 거꾸로 전략적 의미를 부여해, 다시 말해 꿈을 억지로 해몽하여 로고라고 발표한다. 그러고 나서 자기 스스로 해석한 의미를 이해해달라고 강요한다.[29] 이런 디자이너는 고객에게 한두 번 프로젝트를 수주할 수는 있겠지만 더는 없다.

1차 고객을 화려한 디자인과 언변으로 현혹시킬 수는 있겠지만 2차 고객인 대중을 설득하기에는 부족하다. 고객 비즈니스의 사활이 걸린 프로젝트를 디자인이 망쳐 버리는 것이다. 2012년 런던 올림픽 로고에서 그 사례를 찾아볼 수 있다.

29.
홍성태. 『모든 비즈니스는 브랜딩이다』. 샘앤파커스, 2012

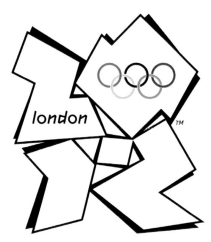

[2012년 런던 올림픽 로고]

런던올림픽 조직위원회가 로고를 발표하자 영국 매체들은 2012년 런던올림픽 로고가 독일 나치 문양을 현대화시킨 모양이라고 엄청 내몰았다. 심지어 이란 정부는 '2012'를 맵시 있게 디자인된 모양이 'Zion(시온 : 예루살렘을 다르게 칭하는 호칭으로 이스라엘 전체를 의미하기도 한다)'이라고 읽혀서 올림픽 자체를 거부하겠다고 선언했다. 조직위원회 측은 80만 달러나 주고 만든 이 로고 때문에 엄청난 이미지 타격을 입었다. 디자인 개념이 아무리 훌륭하고, 홍보와 마케팅에 성공했다 하더라도 전 세계 나라가 참여하는 올림픽 정신에 적합한 디자인이었는지는 다시 생각해 봐야 한다. 올림픽의 기본정신은 '세계 평화'이기 때문이다.[30]

30.
디자인정글, '말 많고 탈 많은 2012 런던 올림픽 로고', 2011.03.03. (http://m.jungle.co.kr/magazine/articleView?searchBbsId=BBSMSTR_000000000001&searchNttId=2701)

요즘은 민간기업도 '공정거래법' 때문에 특정 업체와 수의계약을 하기에는 여러 가지 제약이 따른다. 입찰과정을 거쳐야 한다. 이런 상황의 변화를 감지하지 못하고 기존 거래하던 담당자와 끈끈한 관계라고, '형님, 동생' 한다고 하면서 담당자가 제공한 단편적인 정보를 전체인양 이야기하는 영업 담당이 있다. 이런 상황에서 제안 담당자가 영업 담당자에게 정보가 의심스러우니 다시 한 번 확인해달라고 요청해도 그것이 정답이라고 철석같이 믿는다. 경험적으로 보면 편협한 정보를 가지고 제안을 하게 되면 성공보다는 실패할 확률이 높다. 아직도 관계중심 영업이 수주에 영향을 미치지만 고객과 경쟁사의 변화된 환경

을 읽지 못하면 점차 실패 확률이 높아진다. 고객 기업의 의사
결정이 집단으로 이루어지고 있고, 경쟁사의 영업활동과 네트워
크가 자신에게 위협적이라는 것을 잊어버리면 안 된다.

수주기업의 고객은 애인이다. 항상 조심하고, 고민하고
사랑해야 한다. 상대방이 프러포즈를 받아 주었다고 방심해서
는 안 된다. "잡은 고기에게 미끼를 주지 않는다."라는 말은 결
혼이나 수주영업에서 더는 통용되지 않는 말이다. 더 관심을 가
지고 매일 매일 살펴봐야 한다. 굳이 '80 대 20 법칙', '핵심고객
관리기법(Key Account Management)'을 이야기하지 않아도 나를, 내
회사를 더 크게 키워줄 존재가 누구인지 알아야 한다.

좋은 디자인의 개념

디자인 개념은 디자이너의 언어다. 디자인 개념은 주관
적 사고와 객관적인 논리성, 둘 다 만족시켜야 한다. 이것이 디
자인이 예술과 가장 다른 점이다. 건축디자인의 예를 살펴보자.
건축 디자이너는 건축물의 기능에 대한 실질적인 해결책을 제
공하려는 노력이 개념에 담겨 있어야 한다. 건축 디자이너의 주
관적이고 관념적인 사고에서 출발한 개념이 공간의 기능과 아름

다운 형태로 구체화하여 나타내야 한다. 디자이너의 개념을 건축주가 어떻게 이해하고 있으며 설득할 수 있는지에 대해 스스로 질문함으로써 논리적인 명료성을 확보해야 한다. 건축 디자이너가 올바른 개념을 가지고 작업하는지를 스스로에게 질문하는 몇 가지 항목을 소개한다.[31]

31.
대한건축학회. 『건축설계 강의노트』. 기문당, 2016

1) 고객의 요구사항과 땅, 주변 환경 등을 충분히 분석한 후 개념이 설정되었는가?

2) 개념에 객관성이 결여된 채 디자이너의 지극히 개인적인 사고에만 치우쳐 있지 않은가?

3) 장대한 서술형으로 개념을 설명하고 있지 않은가?

4) 추상적 사고에서 나온 개념이 사고의 흐름과 논리에 따라 구체화되고 있는가?

5) 개념에 대한 정보와 특징이 스케치, 이미지, 다이어그램 등으로 표현되어 고객이 이해할 수 있도록 전달되었는가?

6) 세부 설계과정에서 일관성 있게 개념이 적용되고 있는가?

7) 개념의 중심 생각이 건축공간이나 형태로 구체화하였는가?

8) 개념을 구현하는데 고객의 예산을 초과하지 않는가?

좋은 디자이너는 이러한 질문을 작업과정 내내 스스로 묻고, 답하면서 디자인을 끊임없이 발전시켜 나간다. 만약 기업의 관리자가 이런 과정을 옆에서 지켜본다면 '답도 없는 일을 저렇게 힘들게 하고 있나'라고 생각할 것이다. 기업의 관리자에게 필요한 것은 '힘든 과정이 아니라 숫자로 이야기할 수 있는 결과'이기 때문이다. 노련한 기업 관리자는 디자인은 디자이너에게 맡기고 자신이 해야 하는 마케팅, 홍보 등에 집중하면서, 디자이너와 협력을 통해 자신이 하고자 하는 말을 전한다.

❝ 스타 디자이너의 개념은 정답인가?

우리나라 대기업들은 국내 디자이너보다 외국 디자이너 선호한다는 이야기를 종종 듣는다. 글로벌 경영 환경에서 비즈니스를 하려면 세계적으로 유명한 디자이너가 참여했다고 홍보해야 마케팅에 유리할 것이다. 디자인 강국인 영국은 70년 전부터 정부가 디자인의 중요성을 깨닫고 국가 성장 전략으로 삼고 육성했다. 하지만 우리는 먹고 사는 일이 먼저였기에 출발도 늦었고, 정부나 민간 기업에게 디자인은 이차적인 존재였다. 외국의 좋은 디자인을 로열티 없이 모방하면 되는 것이 디자인이라고 생각했다. 이러다 보니 디자인에 대한 체계적인 교육보다는 눈에 보이는 예쁜 모양에만 관심을 가졌다. 한양대 홍성태 교수는 "디자인에서 앞선 나라의 디자이너가 한국 디자이너보다 잘하는 것은 그림이 아니라 '리서치와 포지셔닝'이다. 디자인은 그림을 그리는 일이 아니라 사고의 영역이기 때문이다."[32]라고 했다.

32.
홍성태. 『모든 비즈니스는 브랜딩이다』. 샘앤파커스, 2012

외국 디자이너와 협업을 할 기회가 몇 번 있었다. 그들은 자신의 디자인 개념을 설득하기 위해 역사적인 사례부터 최근에 트렌드까지 방대한 자료를 조사하고 보여 준다. 자신의 개념이 단순히 번뜩이는 영감에서 나온 것이 아니라는 것을 증명하는 것이다. 이에 비교해 국내 디자이너는 논리적인 근거를 제시하기보다는 "그냥 멋있지 않아요?", "예쁘잖아요"라는 말로 고객을 설득하려 한다. 그림을 중요시하기 때문이다. 디자인에 정답은 없지만, 설득은 꼭 필요하다. 이제는 우리의 디자인도 국제적인 경쟁력을 가지고 있다. 글로벌 고객 설득을 위해 논리적인 근거를 찾아내는 훈련을 우리는 좀 더 해야 한다. 그들의 문화, 언어, 생활 습관까지 관찰하고 고민해서 디자인 개념을 끌어내야 한다.

하지만 돈이 많은 고객은 디자이너의 이런 고민을 통한 결과보다는 자본의 힘을 보여 주는 데 더 관심이 많다. 1997년 준공한 스페인 빌바오 구겐하임 미술관(Guggenheim Museum Bilbao)을 디자인한 스타 건축가 프랭크 게리(Frank Gehry, 1929~)에게는 그의 건물을 갖고 싶어 하는 개인과 기관들로부터 설계 요청이 쇄도했다. 그들은 크게 다른 건물을 원하지 않았다. 자신들도 같은 지위에 도달했음을 보여 주는 복제품, 그저 관광객 유치와 명성을 위한 크고 현란한 건물을 원했을 뿐이다. 렌조 피아노(Renzo Piano), 다니엘 리베스킨트(Daniel Libeskind), 노먼 포스터(Norman Foster), 자하 하디드(Zaha Hadid) 등의 스타 건축가에게 인간이나 사회의 필요를 충족시켜주는 건물이 아니라, 그저 누가 그 건물을 디자인했고, 거기에 누가 돈을 냈는지를 큰소리로 외쳐 줄 상징적인 구조물을 설계해 달라는 간곡한 요청이 들어왔다.[33]

33.
마거릿 헤퍼넌. 『경쟁의 배신(A Bigger Prize)』, 알에이치코리아, 2014

이러한 상황에 대해 건축비평가 마일스 글렌다이닝(Miles Glendinning)은 '거대 자본과 거대 건축물 간의 완벽한 결혼'이라고 표현했다. "건축의 자본주의적 혁명에 대해 미사여구를 잔뜩 늘어놓는 사람은 이런 건축물이 브랜드 이미지를 구축하고 광고의 역할까지 해준다며 들떠 이야기한다. 그들에게 있어 건축이란 세상을 더 좋은 곳으로 만드는 일이 아니라, 끊임없이 시장에서의 우위를 추구하려는 '과도한 합리성'에 나온 '권모술수에 능하고 냉정한 마키아벨리(Machiavelli, 1469~1527) 같은 사업가'가 되는 방편에 불과하다."[34]라고 거대 자본이 건축을 바라보는 시각을 냉철하게 분석했다.

34.
Miles Glendinning, *Architecture's Evil Empire?: The Triumph and Tragedy of Global Modernism*, 2010

서울에도 세계적인 스타 건축가가 디자인한 건물이 많다. '다니엘 리베스킨트'는 강남 삼성동의 '구 현대산업개발 사옥(아이파크 타워)'을, '렌조 피아노'는 광화문 'KT 신사옥'을, '자하 하디드'는 '동대문 디자인 플라자(DDP)'을 디자인했다. 이 건물들이 글렌다이닝이 이야기한 '거대 자본과 거대 건축물의 결혼'이라 이야기하면 너무 곡해한 것일까?

　　'다니엘 리베스킨트'가 아이파크 타워 준공 후 국내언론과 한 인터뷰 내용이다. "이방인(Stranger) 차원에서 느낀 것이긴 하지만, 서울과 강남의 인상은 역동성과 흥분으로 요약됩니다. 그런 힘 있는 거리 분위기와 호흡하기 위해 사방으로 뻗어 나가는 해체적 설계를 기획하게 됐습니다. 건물 외부는 자연을 상징하는 거대한 원과 첨단기술을 상징하는 빨간 사선 문양들로 구성했고, 건물을 오른쪽에서 왼쪽으로 관통하는 원통 막대기는 '소통'을 뜻합니다. 사람들이 건물과 대화하도록 도와주고 싶었습니다. 아이파크타워는 도시인들을 끊임없이 각성하게 만드는 '지식의 원천'이며, 건물 안에서 일하는 사람, 건물, 건물 밖에서 보는 사람들로 이루어진 '3차원 연극무대의 중심점'입니다."[35]라고 말했다.

　　삼성동을 지날 때마다 이 말을 생각하며 건물을 바라보지만, 솔직히 난 잘 모르겠다. 기억나는 건, 주 출입구에 캐노피(canopy)가 없어 비가 올 때 우산을 펴고 접기 불편해 짜증나던 일 뿐이다.

35.
동아일보, '아이파크타워 설계 세계적 건축가 리벤스킨트', 조인직 기자, 2005.02(http://news.donga.com/3/all/20050218/8160980/1)

[삼성동 아이파크타워 전경과 주출입구]

개념과 전략을 눈에 보이게

디자인은 서로 다른 것을 조합해 해답을 찾아가는 방법
이다. 서로 다른 개념들을 연결시켜 새로운 것을 만든다. 이런
사례는 우리나라 국기인 '태극기' 디자인에서 찾아볼 수 있다.

한국학중앙연구원에서 발간한 '한국민족문화대백과'에서
태극기에 대한 설명이다. "우리나라 국기(國旗)인 '태극기(太極旗)'
는 흰색 바탕에 가운데 태극 문양과 네 모서리의 건곤감리(乾坤
坎離) 4괘(四卦)로 구성되어 있다.

태극기의 흰색 바탕은 밝음과 순수, 그리고 전통적으로 평화를 사랑하는 우리의 민족성을 나타내고 있다. 가운데의 태극 문양은 음(陰 : 파랑)과 양(陽 : 빨강)의 조화를 상징하는 것으로 우주 만물이 음양의 상호작용 때문에 생성하고 발전한다는 대자연의 진리를 형상화한 것이다. 네 모서리의 4괘는 음과 양이 서로 변화하고 발전하는 모습을 나타낸 것이다. 그 가운데 건괘(乾卦)는 하늘을, 곤괘(坤卦)는 땅을, 감괘(坎卦)는 물을, 이괘(離卦)는 불을 상징한다. 이들 4괘는 태극을 중심으로 통일의 조화를 이루고 있다."[36]

36.
한국학중앙연구원. 『한국민족문화대백과』 2010(encykorea. aks.ac.kr)

어쩌면 전혀 다른 개념인 태극과 4괘가 길이와 너비의 비례가 3:2인 흰 바탕에 중앙에 태극, 네모서리에 4괘를 배치하여 관계를 형성한다. 관계를 형성하는 기준은 태극의 지름이다. 이렇게 해서 우주 만물의 생성과 상생의 의미를 상징하는 태극기가 디자인되었다. 여러 가지 모양의 태극기가 사용되다가 1949년 「국기제작법」이 제정되어 현재까지 사용되고 있다.

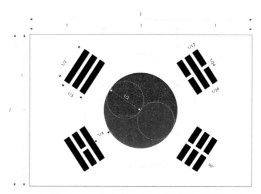

[태극기 : 태극의 지름을 기준으로 4괘가 관계를 형성한다]

　　디자이너는 개념을 형상화하기 위해 많은 시간을 보낸다. 개념에 관계와 의미를 부여하기 위해 다이어그램을 그리고, 스케치하고 모형을 만든다. 디자인을 배우는 학생들은 아이디어의 핵심, 즉 개념을 표현하기 위해 그림을 배운다. 교육과정의 반 이상이 개념을 형상화하는 과목으로 구성되어 있다. 단어와 숫자를 나열하는 것도 좋지만 아이디어와 개념의 기능적인 특성과 감성적인 요소를 동시에 보여줄 수 있는 것은 그림뿐이다. 주어진 프로젝트가 의자를 디자인하는 것이든, 내년 경영방침을 세우는 일이든 스케치하고 눈에 보이게 시각화하면 의사결정을 앞당긴다.

제 5 장

아이디어 만들기
_그리기와 토론

Drawing & Discussion

보스턴컨설팅그룹 펠로(fellow : 특별회원)이자 비즈니스 혁신 분야의 유럽 최고 권위자인 '뤼크 드 브라방데르(Luc de Brabandere)'는 「아이디어 메이커」라는 책에서 '새로운 아이디어를 죽이는 82가지 방법'[37]에 대해 이야기한다. 확산적 사고가 가진 장점을 약화시키지 않기 위해서는 창의력을 죽이는 표현에 주의해야 한다. 그중, 나에게 격한 공감을 일으킨 10가지를 소개한다.

37.
뤼크 드 브라방데르, 「아이디어 메이커 (원제 : Thinking in New Boxes)」, 청림출판, 2014

1) 상상은 자유지만

2) 20년 동안 그렇게 해왔다

3) 시장조사부터 먼저 하자

4) 우리가 이미 시도해봤다

5) TF나, 위원회를 만들자

6) 상사가 결코 받아들이지 않을 것이다

7) 원래 하던 대로 다시 하자

8) 전문가의 의견을 구해보자

9) 내가 경고했다

10) 우리 문화와 맞지 않는다

회사에서 임원들과 회의하면 제일 많이 듣는 표현이다. 아니, 어쩌면 나 자신도 후배에게 이렇게 말하고 있는지도 모른다. 아이디어를 정말 원한다면, 회의적이고 소극적인 표현이 아니라 "그렇다. 그리고……."로 시작하는 표현을 사용해야 한다. 자, 이제는 아이디어를 말이 아닌 눈에 보이게 만들 시간이다.

그림으로 이야기하기 : 의사소통을 위한 그리기

직장인에게 아이디어를 알기 쉽게 그림으로 표현해달라고 하면 지레 겁부터 먹는다. "전, 그림을 잘 못 그려서…….", "아니 이렇게 복잡한 걸 어떻게 그림으로 표현해요, 말로 해도 복잡한데…….". 왜 그럴까? 그건, 교육 때문이다. 우리가 언어를 배우는 이유가 무엇일까? 그건 내 생각을 남에게 표현하여 설득하기 위한 것이다. 그런데 언어보다도 내 생각을 더 쉽고 이해하기 편하게 전달하는 것이 '그림'이다. 우리 어릴 적을 생각해 보자. 유치원이나 초등학교 1, 2학년 때 우린 그림을 많이 그렸다. 그림 안에는 우리가 글로 표현 못 하는 많은 이야기가 들어 있다. 자신의 그린 그림에는 엄청난 꿈이 있었고, 자신이 싫어하는 일을 표현하기도 했다. 그런데 학년이 올라갈수록 언어 능력을 중시하는 어른들 때문에 생각을 손으로 그리는 능력을 키울 기회는 점점 사라졌다. 어른들이 가장 좋아하는 시험, 비교, 평가를 위해서는 숫자로 된 점수가 필요했다. 그림은 돈 많이 드는 특기가 되어 버렸다. 다른 사람과 의사소통을 위한 가장 훌륭한 도구를 잃어버린 것이다. 학교를 마치고 직장인이 된 후 그림 한 장이면 될 의사소통을 위해 수많은 자료와 워드 보고서, 파워포인트에 묻혀 오늘도 헤매고 있다.

시각적 사고 전문가인 댄 로암(Dan Roam)은 수많은 기업 컨설팅을 하면서 만나본 비즈니스맨 중 25%가 화이트보드 앞에서 마커 펜을 드는 것조차 싫어했다고 한다(그는 이들을 '빨간 펜' 인간들이라 부른다). 그리고 50% 사람들은 다른 사람이 그린 그림에 덧붙이거나 강조하는 정도에 그쳤다('노란 펜' 인간들이라 부른다). 나머지 25% 사람들만이 망설임 없이 펜을 들고 그리기 시작했다고 한다('검은 펜' 인간들이라 부른다).[38] 망설임 없이 펜을 든 25%는 아이디어가 넘쳐 조직에서 중요한 역할을 하는 사람들이었다.

의사소통을 위한 그리기는 예술적 그리기와 전혀 다른 것이다. 의사소통을 위한 그리기는 사각형, 삼각형, 원형, 선만 그릴 줄 알면 된다. 실제 사례를 통해 살펴보자.

다음 내용은 제안 프로젝트 입찰에서 발주처(고객)가 참여한 기업에 제공한 제안요청서(RFP) 중 사업 추진에 관한 부분이다.

38.
댄 로암(Dan Roam), 『생각을 쇼하라(The Back of the Napkin)』, 21세기북스, 2009

가) 시티타워는 사업자가 건설하고 준공과 동시에 인천광역시 경제자유
구역청(이하 "경제청"이라 한다)이 소유권을 가지며, 경제청은 사업자와
대부계약을 체결하고 사업자에게 시티타워의 대부를 허가한다. 다만,
사업자의 시티타워 건설·관리·운영은 시티타워 시설 전체를 대상으
로 한다.

나) 복합시설(사업자가 복합용지에 시티타워와 연접하여 그 주변부에 설치하는
건축물 또는 시설)은 아래 '마'의 사업방식으로 시행한다.

다) 복합용지 기반시설(청라호수공원 밖 기반시설로부터 복합용지 경계까지의
진입도로, 상수·오수시설 등)은 LH가 조성비용을 부담하여 사업자가 시
공한다.

라) 경제청은 복합용지를 청라국제도시 개발사업 실시계획에서 정한 처분
계획, 관련법령 및 사업협약에 따라 사업자에게 임대 또는 매각한다.

마) 본 사업의 사업방식은 임대방식 또는 임대 및 매각방식 중에서 사업
자가 본 공모에서 제시한 사업계획으로 한다.

바) 임대방식의 경우 사업자는 사업계획에 따라 복합시설을 건설한 후 경
제청에 기부채납하고 경제청 및 LH와 체결하는 사업협약에서 정한 기
간 동안 복합시설과 복합용지를 대부하여 관리·운영한다. 사업자는
같은 기간 동안 시티타워를 대부하여 관리·운영한디.

사) 임대 및 매각방식의 경우 사업자는 사업계획에 따라 복합시설 부지를
매입하여 복합시설을 건설하고 소유 및 관리·운영 하는 것을 말하며,
사업협약에서 정한 기간 동안 시티타워 및 시티타워부지를 대부하여
관리·운영한다.

여러 번 읽어도 이해하기 어렵다. 아니, 많이 읽을수록 정리하기 어렵다. 여기에다 추가 정보까지 들어오면 더 복잡해진다. 상사에게 보고해야 하는데 정리가 되지 않는다. 이럴 때는 종이('프로젝트 노트'를 활용하면 더 좋다)에 다이어그램으로 그려 보면 된다. 아래 그림처럼 말이다.

[사업추진에 대한 내용을 손으로 스케치한 자료]

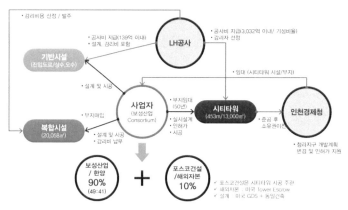

[스케치한 내용을 파워포인드를 이용해 정리한 자료]

원형과 화살표만 사용해 다이어그램을 그렸다. 제안요청서(RFP)의 내용뿐만 아니라 추가된 정보들도 다 담을 수 있다. 이렇게 다이어그램으로 그리면 프로젝트 사업추진 구도가 '한 눈'에 보인다. 이 그림을 가지고 상사에게 하는 보고는 1분이면 충분하다. 말로 했으면 10분, 아니 상사가 이해를 못 하면 더 걸릴 수도 있다. 1분으로 현황을 설명하고 나머지 9분은 이런 상황에서 우리가 앞으로 해야 할 일에 대해 토의할 수 있다. 생산적인 보고와 토의가 되는 것이다. 스케치한 그림은 제안서나 PT에 정리하여 활용하면 동시에 자료 정리와 함께 제안 본문을 만드는 효과가 나타난다.

조금만 연습하면 이런 그리기는 누구나 가능하다. 도형 모양이 찌그러져도 상관없고 글씨가 예쁘지 않아도 된다. 중요한 것은 예쁘게 그리는 것이 아니라 '생각 정리'이기 때문이다. 사람들이 이런 다이어그램 그리는 것을 어려워하는 이유는 단 한 가지다. "어디서부터 시작하지?" 즉, 시작점을 찾지 못하는 것이다. 이럴 때는 주어진 자료를 읽고 "주인공이 누구인지를 정하는 것"이 핵심이다. 주인공을 정하면 나머지 조연과 엑스트라는 자연스럽게 연결된다. 주인공을 원형으로, 조연을 삼각형으로, 각각의 역할을 도형 밑에 쓰면 자연스럽게 정리된다. 주인공과 조연의 관계가 적대적이면 빨간 화살표로, 우호적이면 파란색 화살표를 사용하는 등 자신만의 방법으로 그리면 된다. 사레로 든 다이어그램에서 주인공은 사업자, 조연은 LH공사, 경제청이고 사업자가 하는 일은 시티타워건설 등이다. 이런 다이어그램 그리기는 조금만 연습하면 누구나 할 수 있다. 지금 읽고 있는 소설이 있다면 등장인물들의 관계를 다이어그램으로 그려보자. 소설이 머릿속에서 눈으로 보이면서 스토리가 영화처럼 펼쳐질 것이다.

손 vs 컴퓨터 : 아이디어를 그리는 도구

나는 건축디자인 실무를 1990년 초에 시작했다. 당시 설계사무소에서 도면 작업은 손으로 그리는 것과 컴퓨터로 도면(CAD : Computer-Aided Design)을 그리는 비율이 80:20 정도였다. 점차 시간이 지나면서 모든 도면은 CAD로 그리게 된다. 도면을 손으로 그리는 선배와 CAD로 그리는 후배 사이에 미묘한 신경전이 자주 발생했다. 선배는 손으로 그리지 못하고 모니터만 쳐다보는 후배를 안타까워했고, 후배는 CAD의 편리함을 이해 못하는 선배를 이상하게 생각했다. 나는 그 중간에 낀 세대였다. 손으로도, CAD로도 그릴 줄 알아야 했다. 손과 컴퓨터로 도면을 그리는 작업의 차이를 살펴보자.

1) 부분과 전체의 차이 :

손으로 그리는 경우 도면의 세부적인 부분을 그릴 때는 한 부분에 눈을 가까이 두고 그린다. 그리고 허리를 펴면 전체 도면이 눈에 들어온다. 작업한 부분이 다른 부분과 연결이 잘 되어 있는지, 수정이 제대로 되었는지를 파악할 수 있다. 허리를 굽히고 펴는 동작에서 '줌-인(zoom-in)', '줌-아웃(zoom-out)' 되는 것이다. CAD의 경우에는 '줌-인'을 통해 모니터를 보면서 마우스로 세부를 그린다. 전체와의 관계를 보려고 '줌-아웃'하면 모니터 크기의 한계 때문에 보이질 않는다. 전체와 연관되게 그려졌는지, 제대로 수정되었는지 확인이 어렵다. 종이에 출력해서 확인해야 한다. 출력된 도면에 잘못된 부분을 빨간 펜으로 표시해 다시 수정작업을 한다. 그리고 제대로 수정되었는지 또 출력해 빨간 펜으로 검토한 도면과 비교해야 수정 여부를 최종 확인할 수 있다. 건축디자인에 CAD가 도입되면서 엄청난 종이가 사용되었고 이면지는 날로 쌓여 갔다. 아마도 지구 온난화에 엄청난 역할을 했을 것이다.

2) 기술과 경험의 전달 :

손으로 도면을 그리면 새로운 프로젝트 도면은 새로 그려야 한다. 기존 프로젝트에서 활용할 수 있는 디테일이 있어도 손으로 다시 옮겨야 한다. 이 과정에서 선배가 그린 디테일을 이해하게 된다. 자연스럽게 선배의 암묵지가 전달된다. 제도판에서 도면을 그리고 있으면 지나가던 선배가 잘못된 것을 지적해준다. CAD로 도면을 그리면 선배의 경험을 손으로 옮기는 것이 아니라 명령어로 '복사와 붙이기(copy & paste)'를 하면 된다. 선배가 지나가면 잔소리할까 봐 화면을 '줌-아웃(zoom-out)'시켜 버린다. 시간은 절약되었지만, 선배의 경험은 전달되지 않는다. 3차원, 4차원 설계(BIM : Building Information Modeling)를 할 수 있는 소프트웨어가 개발되어 사용하는 지금의 건축 디자이너에게는 옛이야기일 것이다. 하지만 아무리 기술이 발전해도 자신의 아이디어를 정리하고 남에게 설명할 때 펜을 들고 종이에 스케치하는 것만큼 효과를 얻을 수 있는 도구는 아직 없다. 영국의 유명그래픽 디자이너 존 고럼(John Gorham,1937~2001)은 1990년 초 '애플 맥(Mac)'이 디자인 업계에 도입되자 새로운 디자인 도구를 경계하면서 자신을 홍보하는 포스터를 만들어 고객과 친구들에게 보냈다. 편지봉투 밑에는 '나의 유일한 장비(도구)', 연필 밑에는 '내 마우스'라고 쓰여 있다.[39] 손으로 그리기 때문에 컴퓨터가 못하는 아이디어가 풍부하다는 것을 역설적으로 표현했다.

[존 고럼의 홍보 포스터]

39.
필 클리버(Phil Clever), 『디자이너 회사생활 백서(What they didn't teach you in Design School)』, 도서출판 길벗, 2015

디자인을 위한 각종 소프트웨어가 개발되어 활용되고 있는 지금에도 아이디어를 표현하는 가장 좋은 방법은 손으로 그리기다. 컴퓨터는 아이디어나 구상을 불러일으키는 도구가 아니다. 컴퓨터나 소프트웨어 기술의 한계가 아이디어의 발목을 잡는다. 신세대 디자이너는 컴퓨터 기술을 넘어서는 수준으로 아이디어를 떠올리거나 디자인하지 못한다. 스케치는 고객에게 기본 아이디어를 전달할 수 있을 뿐만 아니라 고객이 의견을 추가할 수 있는 여지를 준다.

수주영업의 제안 작업에도 이러한 '손으로 그리고 생각하기'는 프로젝트에 대한 정보를 정리하고 제안 전략을 만드는 데 효과적이다. 나는 제안 프로젝트가 시작되면 자료를 공유한 다음 팀원들과 아이디어 미팅을 한다. 노트북은 필요 없다. 화이트보드가 있는 회의실에서 보드 마커와 A3 이면지만 가지고 시작한다. 화이트보드에 적든, A3 이면지에 적든 키워드와 도형만을 가지고 제안에 필요한 요소들을 정리한다. 이 과정에서 제안 전략이 설정된다. 그리고 제안 작업을 하는 동안 벽에 붙여 놓고 발전시켜 나간다. 언제든지 빠르게 전략을 업그레이드 할 수 있는 환경을 만들어 놓는다.

그리기 도구 : 가장 편한 도구 선택하기

그리기 도구 하면 가장 먼저 생각나는 것이 연필이다. 미항공우주국(NASA)에서는 우주공간에서 사용할 수 있는 펜을 개발하는데 수백만 달러를 소비했지만, 구 소비에트연방에서는 우주비행사에게 연필을 지급했다. 연필보다 좋은 펜이 없었다고 한다. 연필하면 생각나는 기업이 있다. 1761년 창업하여 지금까지 250여 년 동안 연필을 만들고 있는 독일의 '파버 카스텔(Faber-Castell AG)'이다. 2011년 창립 250주년을 기념하여 방한한 8대 회장 '안톤 볼프강 폰 파버 카스텔'은 회사의 철학과 연필의 중요성에 대해 이렇게 말했다. "연필은 어느 회사나 만들 수 있습니다. 그렇지만 우리는 이 평범한(ordinary) 일을 비범하게 (extraordinary) 잘하려고 노력해 왔습니다. 바로 그것이 우리 회사의 철학입니다. 제가 생각하는 좋은 연필은 잘 부러지지 않고 긁히지도 않고, 무엇보다 오랫동안 보존되는 것이 중요합니다."

소설가 김훈은 글을 원고지 위에 연필로 쓴다. 그는 에세이 '아날로그적 삶의 기쁨'에서 연필로 글을 쓰는 이유를 다음과 같이 말했다. "연필로 글을 쓰면 팔목과 어깨가 아프고, 빼고 지우고 다시 끼워 맞추는 일이 힘들다. 그러나 연필로 쓰면, 내 몸이 글을 밀고 나가는 느낌이 든다. 이 느낌은 나에게 소중하다. 나는 이 느낌이 없이는 한 줄도 쓰지 못한다. 이 느낌은 고통스럽고도 행복하다. 내 몸의 느낌을 스스로 조율하면서 나는 말을 선택하고 음악을 부여하고 지우고 빼고 다시 쓰고 찢어 버린다."[40] 그는 연필로 글을 쓰면서 생각을 다듬고, 눈으로 다시 보면서 지운다. 비즈니스 언어로 이야기하면 끊임없이 새로운 시도와 혁신을 하는 것이다.

40.
김훈, 『밥벌이의 지겨움』, 생각의 나무, 2010(개정판)

창조성을 위해서라면 지울 수 없는 펜보다 연필이 더 효과적이라고 말한다. 연필로는 새로운 아이디어에 대한 낙서, 스케치, 실험, 반복이 모두 가능하다. 제일 중요한 것은 지울 수 있는 것이다. 다른 펜이 가지지 못한 가장 큰 장점이다. 미술가에게는 가장 중요한 도구가 연필이겠지만 굳이 아이디어를 스케치할 때 연필을 고집할 필요는 없다. 자기 손에 가장 잘 맞는 펜을 찾으면 된다. 볼펜, 만년필, 사인펜, 색연필, 보드 마커 모두 장단점이 있기 때문에 자신의 아이디어를 편하게 스케치할 수 있는 도구를 선택하면 된다. 손에 맞는 펜을 선택해 머릿속에 떠오른 아이디어를 그리거나 쓰면 무엇을 말해야 할지 명확해진다. 그리지 못하면 아직 무엇을 말하려는지 모르는 것이다.

내가 주로 사용하는 도구는 보드 마커, 만년필 그리고 색연필이다. 보드 마커는 제안 초기에 키워드 중심의 세안 전략을 스케치할 때 사용한다. 빠르게 쓸 수 있고 큰 글씨로 써야 하므로 벽에 붙여 놓아도 멀리서 볼 수 있다. 만년필은 제안 전략에 대한 세부 추진 방안을 스케치하거나, 프로젝트 노트에 메모할 때 사용한다. 색연필은 강조하거나, 중요 사항을 표시할 때 사용한다. 종이는 주로 복사용지를 사용한다. 이면지를 사용하면 부담 없이 스케치하고 잘못된 것은 바로 찢어 버릴 수 있어 좋다. 볼펜이나 표면이 매끄러운 종이는 잘 사용하지 않는다. 손에 익숙하지 않고, 미끄러지는 느낌이 들기 때문이다.

아이디어 내기-1 :
브레인스토밍(brainstorming) vs 브레인라이팅(brainwriting)

목요일 오전, 팀장이 회의를 소집한다. 새로운 프로젝트가 시작되었으니 브레인스토밍을 하자고 한다. 팀원들은 "갑자기 웬 브레인스토밍?" 의아해 하며 회의실로 들어간다. 팀장은 프로젝트 개요를 간단히 설명하더니 아이디어를 찾는 데는 브레인스토밍이 최고라며 알렉스 오스본(Alex Osborn)의 '브레인스토밍 4가지 기본규칙'[41]이 쓰인 종이를 나눠 준다. 이때야 팀원들은 며칠 전부터 팀장 책상에 브레인스토밍에 관한 책이 놓여 있다는 것을 깨닫는다. 팀장은 자유롭게 아이디어를 말해 보라고 한다. 2~3분 동안 정적이 흐른다. 참지 못한 팀장은 구석에

41.
4가지 기본규칙은 '1) 아이디어 질보다 양에 초점 맞추기 2) 비판, 비난 금지 3) 특이한 아이디어 환영 4) 아이디어 조합 및 개선'이다.

서 다이어리만 쳐다보고 있는 김 과장에게 "먼저 이야기해 봐"라고 한다. 한 방 맞은 김 과장은 팀원을 한 번 쳐다보더니 조심스레 이야기를 꺼낸다. "이번 프로젝트는 기존 방식이 아닌 다른 방식으로 접근하는 것이……"라고 이야기하는 순간, 팀장은 "자네는 기존 방식도 제대로 못 하면서 무슨 새로운 방식이야."라고 소리치며 말을 끊는다. "다른 사람들은 번뜩이는 아이디어 없어?" 몇몇 팀원이 조심스레 아이디어를 꺼내자 팀장은 안 되는 이유만을 늘어놓더니 내일까지 각자 아이디어 5개 이상 가지고 회의에 참석하라며 나가 버린다. 팀의 최고참인 박 차장이 어이없어하는 팀원에게 위로의 말을 건넨다. "직장에서 제일 무서운 사람은 책 한 권만 읽은 상사야. 이 또한 지나가리니 힘들 내"

　　디자인 기업이든, 비즈니스 기업이든 새로운 프로젝트가 시작되면 아이디어를 얻기 위해 브레인스토밍 기법을 도입해 회의를 한다. 분명 브레인스토밍은 집단의 아이디어를 끌어내는 데 효과적인 기법이다. 하지만 회의를 제대로 운영하지 못하면 '자신이 낸 아이디어에 대한 상사의 평가', '남의 아이디어에 무임승차하는 사람들', '너무 많은 인원으로 인한 시간 낭비' 등의 문제가 발생한다. 우리나라처럼 권위적인 기업문화를 가진 비즈니스 환경에서는 브레인스토밍의 원래 의도와는 정반대로 '목소리, 지위가 높은 사람의 의견이 채택'되는 현상이 발생한다.

미국 심리학 교수인 폴 폴러스(Paul B. Paulus, University of Texas at Arlington)는 집단 토론 방식인 브레인스토밍이 의도대로 이루어지지 않는 이유를 다음과 같이 설명했다. "직접 대면하는 환경에서 정보와 지식을 완전히 공유할 수 있는 기회는 단 한 사람만이 한 번에 자신의 아이디어를 표현할 수 있다는 사실에 의해 제한됩니다. 아이디어를 공유하기 위해 자신의 차례를 기다리는 동안, 사람은 자신이 말할 것을 잊어버리거나 공유 프로세스에 의해 자기 생각에서 산만해질 수 있습니다. 한두 사람이 토론을 지배할 수 있기 때문에 불균등한 참여가 발생합니다."**42**

글로벌 컨설팅사인 맥킨지는 150여 개 기업에서 진행된 다양한 사례를 분석, 브레인스토밍의 성공 확률을 높일 수 있는 7가지 방법을 제안했다.**43**

42.
Association for Psychological Science(APS), *there's a Better way to Brainstorm*, 2016(https://www.psychologicalscience.org)

43.
McKinsey, *Seven steps to better brainstorming*, Article McKinsey Quarterly, March 2011

1) 참가자는 조직의 의사결정 기준을 명확히 파악하고 회의에 참석한다.

2) 올바른 질문을 통해 체계적으로 회의를 진행한다.

3) 참가자는 직위가 높은 사람이 아닌 토의 주제에 전문 지식을 갖춘 적임자를 선정한다.

4) 참가자를 3~5명씩 나눠 문제를 배분한다.

5) 시작 전 회의에서 기대하는 바를 참가자에게 명확히 전달한다.

6) 그 자리에서 최고의 아이디어를 선정하지 않는다.

7) 회의 결과에 따른 후속조치를 참석자에게 신속하게 전달한다.

　　폴 폴러스 교수는 브레인스토밍의 효율성을 높일 대안으로 '브레인라이팅(brainwriting)'을 제안한다. 브레인라이팅은 독일의 'Battelle Institute'에서 개발한 사고 프레임워크로, '침묵의 브레인스토밍'이라고도 한다. 아이디어를 말로 하는 대신 글로 작성하여 제시하는 방법이다. '6·3·5 법칙'이라고도 부르는 이 방법은 '6 : 참가자는 6명 이내', '3 : 주제 1개에 각자 3개 아이디어를 써내기', '5 : 아이디어를 적는 시간은 5분 이내'라는 방법으로 진행된다. 브레인라이팅은 전원이 평등하게 참여할 수 있고, 지위나 처지가 달라도 눈치 보지 않고 아이디어를 낼 수 있고 정확한 기록과 시간 관리가 가능한 장점이 있다. 이 방법은 혼자도 할 수 있다. 포스트잇을 활용해 아이디어를 적고 책상에 펼쳐놓는다. 아이디어를 종류별로 분류한 다음 세부 내용을 정리한다. 시간이 부족하거나, 팀원이 적을 때 유용하게 활용할 수 있다. 브레인라이팅에 대해 좀 더 알고 싶으면 『브레인라이팅(다카하시 마코토 지음, 송수영 옮김, 이아소, 2010)』을 참조하기 바란다.

　　그나마 국내 디자인 기업은 일반 기업보다 브레인스토밍이 길 이루어진다. 손으로 그린 스케치로 브레인스토밍을 하기 때문이다. 그동안 경험을 통해 나름대로 찾은 성공 요인은 다음 세 가지다.

1) 브레인스토밍 전 사전 준비 : 디자이너는 새로운 프로젝트가 시작될 때 바로 브레인스토밍 회의를 시작하지 않는다. 프로젝트에 참여할 팀원에게 사전 정보를 주고 아이디어를 생각할 시간을 준다. 팀장, 팀원 모두가 사전에 준비하고 브레인스토밍을 시작한다. 아이디어를 내는 단계에서 디자인 프로젝트는 항상 새로운 것이다. 팀장이든, 팀원이든 새로운 프로젝트에 도전적인 생각으로 아이디어를 찾고 아이디어를 가지고 회의에 참석한다.

2) 말이 아닌 손으로 이야기하기 : 디자이너는 브레인스토밍하기 전에 자신이 생각한 아이디어를 스케치하고 회의에 참석한다. 도전적인 젊은 디자이너는 손으로 만든 모형까지 준비한다. 회의가 시작되면 말로만 하는 것이 아니라 스케치와 모형을 가지고 자신의 아이디어를 이야기한다. 참석자 모두가 눈으로 아이디어를 바라보기 때문에 일반 기업처럼 목소리 큰 상사 의견이 채택될 경우가 줄어든다.

3) 또 다른 아이디어를 낼 기회 : 디자인에서 브레인스토밍을 통해 결정된 아이디어가 모든 것을 결정하는 것은 아니다. 앞으로 진행하는 단계에서도 얼마든지 자신의 아이디어를 낼

기회가 많다. 디자이너는 디자인 개념이 결정되면 바로 그다음 해야 할 일에서 아이디어를 찾으려는 노력을 스스로 하는 사람이다. 디자이너에게 프로젝트란 자기 삶의 일부이기 때문에 아이디어가 채택되지 않더라도 실망하지 않고 계속 노력한다.

아이디어 내기-2 : 분석적 사고와 직관적 사고의 통합

아이디어 회의를 하다 보면 '생각의 다름'을 서로 인정하지 않아 진행이 제대로 되지 않는다. 관리자는 변하지 않는 자기 생각으로 회의를 시작하고, 팀원은 정작 자신의 아이디어는 뒷전이고 관리자의 생각이 무엇인지를 파악하는데 정신이 없다. 1~2시간 회의를 해도 새로운 결론은 나오질 않는다. 관리자는 팀이 '브레인스토밍'한 결과라고 경영진에게 보고할 근거를 만드는데 만 신경을 쓴다. 팀원은 '나만 아니면 돼'라는 생각으로 주체 못 할 일을 아이디어라고 쏟아 낸다. 이렇게 똑같은 장소와 시간에서 하나의 주제를 가지고 회의를 해도 참석하는 사람의 생각이 다르면 좋은 아이디어와 결론은 나올 수 없다.

생각의 차이는 회사에서뿐만 아니라 동양과 서양 문화권에서도 나타난다. 동양과 서양인의 사고 차이에 대해 연구한 미국의 심리학 교수인 '리처드 니스벳(Richard E. Nisbett)'은 「생각의 지도」라는 책에서 다음과 같이 이야기했다. "동양 사회의 집합 주의적이고 상호의존적인 특성은 세상을 더욱 넓게 종합적으로 보는 시각, 어떤 사건이든지 수없이 많은 요인이 복잡하게 얽혀 있는 것으로 본다.

반면 서양 사회의 개인주의적이고 독립적인 특성은 개별 사물을 전체 맥락에서 떼어내어 분석하는 그들의 접근, 사물들을 다스리는 공통의 규칙을 발견할 수 있고 따라서 사물의 행동을 통제할 수 있다는 그들의 신념과 통한다. 다른 문화권의 사람들이 사고의 체계에서 정말 다르다면, 태도, 신념, 가치, 선호와 같은 심리적 특성에서 나타나는 문화 간의 차이는 단순한 차이가 아니라 세상을 이해하는 데 사용하는 생각의 도구가 다르기 때문에 나타나는 불가피한 결과일 것이다."[44]

몇 천 년을 이어온 동양과 서양 문화에서 생각의 차이는 불가피할 수 있지만, 회사는 '이윤 추구'라는 하나의 목적을 위해 사람들이 '잠시 모여 일하는 곳'이다. 회사를 지속 가능하게 만들려면 분석적인 사고방식과 직관적인 사고방식을 가진 사람들 간 조화와 협력이 필요하다. '생각이 틀림'이 아니라 '생각이 다름'을 서로 인정해야 한다. 리더는 이를 조화시키려고 노력해야 한다. 분석적인 직원에게는 정량적이고 실행중심이면서 상호 비교할 수 있도록 문제를 설명해야 한다. 직관적인 직원에게는

44.
리처드 니스벳. 「생각의 지도(The Geography of Thought)」. 김영사, 2004

정성적이면서 비전 중심적이고 개념적으로 문제를 설명하여 가치를 만들어 낼 수 있도록 해야 한다. 이 둘을 합치는 것은 리더의 역량에 달려있다. 비즈니스에서 분석적인 사고는 '더 나은 개선'을, 직관적인 사고는 '새로운 출발'을 가져온다. 이 둘을 합쳐야 오늘을 유지하면서 내일을 만들어 갈 수 있다.

아이디어의 불편한 진실

디자인이나 비즈니스 프로젝트에서 머릿속에 처음 떠오르는 아이디어나 해결책을 고집해 프로젝트를 망치는 경우가 발생한다. 처음에 떠오른 아이디어가 정답은 아니다. 훨씬 더 많은 뛰어난 후보들이 있다는 점을 잊어서는 안 된다. 여러 가지 아이디어를 탐색하지 않았다면 결코 확산적인 사고를 시도했다고 볼 수 없다. 그리고 그렇게 결정지은 아이디어는 점진적 개선에 그치거나 경쟁자에 의해 쉽게 모방될 가능성이 크다.

사람들은 어떤 문제에 닥쳤을 때 여러 가지 심리적 반응을 보인다. 특히 처음에 느꼈던 심리적 반응이 끝날 때까지 이어지는 경우가 많다. 하지만 이런 익숙하고 자신이 좋아하는 방향으로 잘못 들어가면 오류를 범하는 일이 많다. 심리학과 경영을 연결하는 작가, 경영자로 활동하는 스위스 출신의 롤프 도벨리

(Rolf Dobelli)가 쓴『스마트한 생각들 : 사람의 마음을 움직이는 52가지 법칙』이라는 책에서 아이디어 오류를 판단하는 중요한 몇 가지를 찾을 수 있었다.[45]

45.
롤프 도벨리, 『스마트한 생각들 : 사람의 마음을 움직이는 52가지 법칙』. 걷는나무, 2012

첫째, '확증 편향(confirmation bias)**'의 오류다.** 확증 편향은 우리가 알고 있는 기존의 지식과 모순되는 새로운 정보를 받아들이지 않고 걸러낸다. 이는 시장의 선두기업에서 많이 일어난다. 경쟁사의 새로운 시도를 얕잡아보거나 그들의 실력을 무시하는 과정에서 생겨난다. '우리가 만들면 소비자는 당연히 따라온다'는 자만심에서 시작되어 결과를 낙관적으로 바라보는 현상이다.

둘째는, '가용성 편향(availability bias)**' 이다.** 가용성 편향은 자신의 경험 혹은 자주 들어서 익숙하고 쉽게 떠올릴 수 있는 것들을 가지고 문제에 대한 해결책을 만드는 것이다. 그러나 이것은 어리석은 일이다. 왜냐하면, 자신의 머릿속에 더 잘 떠오른다고 해서 새로운 프로젝트의 문제를 해결할 수 있는 것은 아니기 때문이다.

마지막은 '결과 편향(outcome bias)**' 이다.** 문제를 해결하는 과정의 질이 아니라 결과를 보고 판단하는 경향이다. 프로젝트의 결과는 여러 가지 요소들이 종합해 나온 것이다. 영업이든, 제안이든 한 곳에서 누수가 생기면 성공하기 어렵다. 그래서 그

과정을 세밀히 살피고 누수되는 곳이 없는지 파악하는 것이 중요하다. 결과가 성공이라고 샴페인을 터트리기보다는 왜 성공하게 됐는지 과정을 분석해, 다음 프로젝트에 적용하는 것이 더 중요하다.

제안 작업을 할 때 이런 편향을 가진 아이디어를 경계해야 한다. 우리처럼 수직적인 조직문화를 가진 비즈니스 환경에서는 더욱더 경계해야 한다. 목소리 큰 사람이 내는 아이디어가 아닌, 프로젝트를 깊이 보고 고민한 사람의 아이디어를 더 소중하게 생각해야 한다. 고객을 한 번 더 만나고, 고객이 하는 말 속에 숨어 있는 고민을 찾아내는 사람의 아이디어는 혁신적일 가능성이 높다. 온종일 책상에서 직원을 관리만 하려는 관리자가 내는 아이디어는 위 3가지 편향에 빠질 수 있다.

아이디어 방해 요소 극복하기

2시간 이상 걸리는 출퇴근, 10년째 똑같은 사무실 환경, 가족보다 더 많은 시간을 보내는 직장 동료, 그나마 밖을 볼 수 있는 창가는 임원 자리, 꽉 막힌 회의실로 둘러싸인 비즈니스 환경에서 번뜩이는 아이디어를 내기란 정말 어렵다. 이런 환경인데도 기업의 관리자는 아이디어를 내라고 닦달한다. 『똑바로 일하라(Rework)』[46]의 저자 제이슨 프라이드(Jason Fried)는 TED 강연에서 사무실에서 일이 안 되는 이유를 다음과 같이 이야기한다.[47]

"진짜 문제들은 제가 'M&Ms'라 부르는 관리자(Managers)와 회의(Meetings)입니다. 그것들이 오늘날 현대 사무실에서의 진짜 문제들입니다. 그리고 이것이 사무실에서 일이 되지 않는 이유죠. 'M&Ms' 때문입니다. 흥미로운 것은 사람들이 말하는 '정말 일을 하는 장소'에 대해서 들어 보면, 관리자와 회의는 찾아볼 수 없습니다. 그리고 관리자는 기본적으로 사람들을 방해하는 업무를 가진 사람입니다. 관리자가 하는 일이 그거죠. 직원들을 방해하는 것, 그들이 하는 일이란 다른 직원이 일하고 있는지 확인하고 방해하는 것입니다. 현재 세상에는 수많은 관리자가 있습니다. 그리고 이 관리자 때문에, 현재 세상에는 수많은 방해가 있습니다. 그들은 확인해야 하죠. "이봐요. 어때요? 어떤지 좀 보여 줘요." 이런 것들 말입니다. 그리고 그들은 정말 일해야 하는 시간에 여러분을 방해합니다.

하지만 관리자들보다 더 안 좋은 것은 바로 회의입니다. 그리고 주간에 일하는 동안, 회의는 그냥 해롭고, 끔찍하고, 불쾌한 것입니다. 우리는 모두 이것이 사실임을 알고 있습니다. 직

46.
제이슨 프라이드.
『똑바로 일하라(Rework)』. 21세기북스, 2011

47.
Jason Fried, *Why work doesn't happen at work*(https://www.ted.com), 2010

원들이 자발적으로 소집하는 회의를 본 적이 없을 것입니다. 관리자가 회의를 소집해서 직원들이 모두 모이게끔 하죠. 그리고 그것은 정말 사람들이 일하는 데 지장을 줍니다. "이봐요, 지금 당장 10명이 모여서 회의를 할 겁니다. 뭘 하고 있던 상관없어요. 그냥 하던 것을 그만두고, 회의에 참석하도록 해요." 10명 모두가 하던 일을 그만둘 확률이 얼마나 될까요? 그들이 중요한 뭔가를 생각하던 중이었다면요? 그들이 중요한 일을 하던 중이었다면요? 갑자기 관리자는 그들에게 하던 것을 멈추고 다른 것을 하라고 말하는 겁니다. 그래서 회의실로 가서, 함께 모여, 대개는 정말 상관없는 것에 관해서 이야기합니다. 회의는 일이 아니기 때문입니다. 회의는 여러분이 나중에 해야 할 것들에 관해서 이야기하기 위해 가는 것입니다."

나는 이 강연을 듣고 공감과 위안을 받았다. 직장인 생활은 '미국이나 한국이나 똑같다'라는 생각 말이다. 그래도 직장인은 새로운 프로젝트가 시작되면 아이디어를 내야 한다. 기존 것을 재활용하면 경쟁에서 이길 확률이 점점 줄어들기 때문이다. 주변 환경만 탓하면 짜증만 늘고 스트레스만 쌓인다. 스스로 극복하는 수밖에 없다. 평소에 아이디어가 잘 생각나는 환경을 미리 찾아 놓는다. 사람마다 집중되는 환경이 다르다. 백색소음이 있는 카페나 조용한 도서관, 숲이 있는 공원 등 자신에게 맞는 장소를 한두 군데는 만들어 놓는다. 나는 초기 아이디어를 생각할 때는 카페, 세부 전략을 생각해야 할 때는 도서관을 주로 이용한다. 단, 너무 편한 장소는 피해야 한다. 내 경우는 집이다. 25년 직장생활 동안 '집에서 해야지' 하고 일을 들고 와서 제대로 해본 적이 한 번도 없다.

　다음에는 평소와는 다른 행동을 시도해 본다. 퇴근할 때 다른 길을 이용한다든지, 평소 듣는 음악과 다른 음악을 들으면 의외로 집중이 잘된다. 일상적인 것이 아닌 다른 자극은 아이디어를 생각하는 데 효과적이다. 그리고 평상시에 무심코 지나쳤던 주변 물건을 자세히 살펴보자. 화단의 꽃, 동네 상가 간판 그리고 일과 전혀 상관없는 책을 펼쳐 본다. 그럼 평소에 보지 못했던 어떤 것이 보인다. '아는 만큼 보인다'라는 이야기는 맞는 말이다. 하지만 잘못하면 '아는 것만 본다'는 역 현상이 생길 수 있음을 조심해야 한다. 그래서 생소한 장소를 선택해 산책하는 것도 한 방법이다.

제 6 장

함께 하는 일
_즐겁고 행복하게

Work Together

예술가는 혼자 창작 활동을 한다. 하지만 디자이너와 직장인은 혼자 할 일이 그렇게 많지 않다. 누군가와 협업을 해야 한다. 이런 협업과정에서 훌륭한 디자이너는 같이 일하는 다른 분야의 전문가를 인정하고 그들의 의견을 존중한다. 전문 분야에 대해서는 그들에게 맡겨 놓는다. 자신이 모든 분야의 전문가처럼 간섭하고 지시하는 디자이너는 한 번 반짝할 순 있지만 더는 좋은 디자인을 만들지 못한다. 아무도 그런 디자이너와 일하려 하지 않기 때문이다. 훌륭한 디자이너는 자신의 디자인 개념을 전문가들이 더 돋보이게 한다는 것을 경험을 통해 알고 있다.

비즈니스 활동도 협업의 연속이다. 다른 부서와 협업은 기본이고 여러 회사가 모여서 작업해야 하는 경우도 많이 발생한다. 서로 다른 환경에서 일하던 사람들이 모여서 시너지 효과를 발휘하기란 정말 어렵다. 분야별 역량을 가진 열 명이 모여 100% 이상 성과가 나오는 것이 아니라 7~80% 성과를 만들어 내기도 힘들다. 특히 눈에 보이지 않는 전략을 수립하거나 문제를 해결하는 프로젝트는 이런 현상이 더욱 많이 나타난다. 수많은 TF, 전략회의, 워크숍, 브레인스토밍한다고 하지만 나오는 결론은 새로울 것이 없다. 무엇이 잘못된 것일까?

함께하면 생기는 일_조직 내 갈등

어떠한 조직이든 갈등은 피할 수 없다. 기계가 아닌 사람이 하는 일이기 때문이다. 조직 내 갈등 상황 속에서 힘든 시간을 보내고 있다면 그 원인이 무엇인지를 파악해야 한다. 다른 직원이나 상사가 갈등의 원인이라고 생각할 수 있지만, 조직 내에서 지위가 올라갈수록 나 자신이 그 원인이 아닌지를 먼저 살펴야 한다. 자신의 성과를 위해 주변 사람을 힘들게 하고 있지 않은지 냉철하게 자기 자신을 돌아봐야 한다. 나 먼저 고치고 남의 갈등을 해결해야 한다.

어떤 일을 할 때 갈등이 생기는 원인은 하나다. 공동의 목표가 없기 때문이다. 디자인회사에서는 협업 과정의 갈등이 일반 기업보다 덜 발생한다. 그들은 '눈에 보이는 프로젝트 완성'이라는 공동의 목표가 있기 때문이다. 디자인 프로젝트를 완성하기 위해 참여자들은 자신이 해야 할 일이 무엇인지 명확히 알고 있다. 그리고 서로의 전문성을 인정하고, 경험의 차이가 프로젝트에 어떻게 나타나는지를 알고 있다. 개념을 잡는 디자이너와 그것을 시각으로 표현하는 그래픽 디자이너, 컬러리스트, 인쇄기술자 그리고 허드렛일을 하는 신입사원까지 자신이 역할에 대해 명확히 알고 있다. 참여자는 프로젝트가 완성되었을 때 눈에 보이는 결과물을 보면서 자기 발전을 생각한다. 그리고 새로운 프로젝트에 도전한다.

일반기업에서도 공동의 목표를 위해 함께 일한다. 하지만 디자인회사보다 결속력은 약하다. 현장보다 본사에서 이런 현상은 더 많이 발생한다. 서로 '공동의 목표'를 위해 다른 팀과 협력을 한다고 하지만 생각이 다르다. '공동의 목표'는 눈에 보이지 않고 결과 또한 측정하기 힘들다. 잘해야 본전이라는 생각이 지배적이다. 조직의 규모가 커질수록 이런 문제점이 나타나기 시작하고 결국 관료주의에 빠지게 된다. 갈등은 이제 물 위로 떠올라 서로 밥그릇 챙기기에 혈안이 되고 CEO가 나서서 한마디 해야 겨우 가라앉는다. 하지만 물밑에서는 열심히 발길질하고 있다.

조직의 갈등은 대부분 사람에 의해 발생한다. 기업에서 갈등을 유발하는 사람들은 '나 잘난 형', '완전무결 형' 그리고 '권위주의 형'으로 나타난다. '나 잘난 형'은 강한 자기 확신과 자기애를 가진 사람이다. 회사의 모든 프로젝트에 사사건건 참견한다. 기업이 성장하는 초기 단계에는 이런 유형의 사람이 필요하지만, 주변을 너무 힘들게 하므로 리더는 업무의 경계를 명확히 해 그 이상은 넘어오지 않도록 해야 한다. '완전무결 형'은 의사결정이 신중하고 매사에 철저하지만 유연성이 부족하다. 이런 유형의 사람은 그의 의견을 끝까지 들어주고 업무의 핵심을 정확히 이해시켜야 한다. 결과에 대한 책임을 분명히 인지시켜 의사결정 지연으로 인한 실패를 방지해야 한다.

마지막으로 제일 건디기 힘든 유형의 사람은 '권위주의형'이다. 그들은 항상 자신이 옳다는 생각으로 상대방을 통제하려 한다. 잘못은 언제나 남의 탓이며 주변을 항상 의심의 눈초리로 바라본다. 과거 자신의 성공에 대한 집착이 크고 자기를 중심으로 회사가 돌아가야 한다고 생각하는 사람이다. 이런 유형의 사람이 상사일 경우 최악의 상황까지 벌어진다. 그런데 이상한 건 이런 유형을 CEO는 좋아한다는 것이다. 부하직원은 더는 크지 못하고 회사를 떠난다. 어떤 선택이 옳은 것인지는 시간이 흐른 뒤에 알 수 있을 것이다.

조직의 성공은 구성원 한 사람 한 사람의 땀을 어떻게 연결하여 진주를 만드느냐에 달려있다. 그 연결은 CEO가 해야 한다. 조직의 갈등을 물 위로 끌어내 해결하고 조직이 추구하는 목표를 다시 한번 명확히 해야 한다. 기업의 규모가 커질수록 초심으로 돌아가 다시 정비해야 하는 이유다.

디자이너가 협업하는 방식

디자이너는 첫째, 정해진 날짜와 목표가 명료하게 설정된 프로젝트를 할당받는 일에 익숙하다. 둘째, 다른 디자이너와 협력하는 일에도 익숙하다. 셋째, 조직이 아니라 프로젝트가 중요하다. 따라서 디자이너 사고방식에는 프로젝트에 기초한 접근 방식으로 가득하다.[48] 디자인은 제한된 시간에 얼마만큼의 성과를 내는가를 겨루는 창작게임이다. 그리고 그들의 프로젝트는 눈에 보이기 때문에 세부 작업은 구체적이며, 일의 진행이 측정 가능하고, 행동 지향적으로 현실적인 제약을 해결해 간다.

디자이너도 프로젝트 협업과정에서 여러 가지 문제가 발생한다. 세계적인 게임개발사 '블리자드 엔터테인먼트(Blizzard Entertainment)'의 '월드 오브 워크래프트(world of warcraft)' 디자인 매니저인 크레이크 모리슨(Craig Morisson)는 2017년 8월 독일 쾰른에서 열린 '데브컴(devcom)' 컨퍼런스에서 "창의적인 협업을 위한 10가지 규칙"이란 주제로 강연을 했다. 그는 협업을 가능하게 하는 기본적인 요소는 '신뢰(Trust)'라고 말한다. 신뢰는 지금까지 존재한 모든 성공한 창의적인 팀의 기본 바탕이 되어왔으며, 구축하기는 무엇보다 어렵지만, 잃을 때는 누구보다 빠르게 잃을 수 있다는 것이 그의 설명이다. 10가지 규칙은 크게 리더와 디자이

48.
로저 마틴, 『디자인 씽킹(The Design of Business)』, 웅진윙스, 2010

49.
http://www.inven.
co.kr/webzine/news/
?news=184083

너(개발자) 그리고 프로젝트 관리자에 해당하는 내용으로 구성되었다.[49] 이 규칙은 일반 기업에서도 유용하게 적용할 수 있다.

창의적 리더를 위한 세 가지 규칙

1. 규칙을 정하지 말고, 철학을 정하라(Define philosophy not rules)

세밀한 규칙보다는 한 가지 프로젝트에 대한 확실한 비전, 혹은 목표를 설정하고 팀원들이 해당 비전을 따라갈 수 있도록 독려하는 것이 리더의 중요한 역할이다. 비전을 정하는 것은 생각보다 어려운 것이 아니다. 예를 들어 가령 '닌텐도 같은 가족을 위한 게임을 만들자'는 것도 일종의 비전이고, 철학적 목표가 될 수 있다. 철학적 목표 수립과 더불어, 개발자 개개인이 창의성을 발휘할 수 있도록 힘을 실어주는 것만으로도 신뢰를 구축하는 데 보탬이 된다.

2. 가드가 아니라 가이드를 하라(Guidance not guarding)

창의적인 인재를 이끄는 위치에 있다면 누구에게나 해당하는 사항이다. 새롭게 리더가 된 사람이 자주 빠지는 함정 중 하나가 알 수 없는 무언가를 위해 끊임없이 방어하는 자세를 취하게 된다는 것이다. 이러한 함정에 빠진 리더는 종종 팀원이 아

127

이디어를 제시해도 무조건 '안 돼'를 외치는 경우가 많다. 아이디어가 어떻든 간에 적어도 이야기를 해보는 자세를 갖는 것이 중요하며, 필요하다면 해당 아이디어에 대해 가이드를 제시하는 것이 좋다.

3. 편견과 싸워라(Battle the bias)

거의 모든 의사결정은 49:51과 같은 상황에서 이루어진다는 것을 잊지 말자. 의사 결정이 있고 난 뒤, 누군가가 의문을 제기하면 리더는 으레 방어막을 친다. 하지만, 때때로 이런 의문이 아주 긍정적일 수 있고, 상황은 언제나 바뀌는 만큼 리더는 언제나 편견과 싸울 준비를 하고 있어야 한다.

디자이너(개발자)를 위한 세 가지 규칙

4. 신뢰는 양쪽으로 향한다(Trust goes both ways)

위에서 말한 철학적 목표를 제시받았을 때, 리더는 종종 디자이너(개발자)들이 원하는 만큼의 자원이나 도구를 모두 가지고 있는 경우는 드물다. 리더가 팀원을 믿는 것만큼, 팀원들 또한 리더십을 신뢰하는 것이 중요하다.

5. 주어진 것 안에서 최선을 다하자(Coloring inside the lines)

크레이그 모리슨(Craig Morisson)은 부싯돌과 나뭇가지만 주어졌을 때 사람은 불을 붙일 수 없다고 먼저 포기하는 유형, 불을 붙이려고 노력하는 유형, 그리고 방법은 모르겠지만 폭죽을 만들려고 하는 유형으로 나눌 수 있다고 한다. 이 경우 폭죽을 만들려는 사람이 바로 '주어진 것 안에서 최선을 다하는' 유형에 해당된다. 이런 사람들은 주변을 감화시키는 능력이 있어, 팀 분위기를 바꾸기도 한다.

6. 아이디어는 재화가 아니다(Inspiration not currency)

디자이너를 위한 마지막 규칙은 '아이디어를 재화의 용도로 사용해서는 안 된다는 것'이다. 아이디어라는 것은 상대방에게 영감을 줄 수 있어야 하고, 나 또한 상대방의 아이디어로부터 영감을 받을 준비가 되어 있어야 한다. 마치 아이디어가 남들의 위에 서기 위해 존재하는 것인 양, 경쟁의 수단으로 여겨져서는 안 된다.

프로젝트 관리자를 위한 세 가지 규칙

7. 부모가 아니라 파트너가 되자(Partner not parents)

부모는 나쁜 부모와 착한 부모로 나뉠 수 있다. 보통 나쁜 부모라고 하면, 자녀들이 마땅히 이해할 만한 이유를 설명해 주지 않고 명령만 내리는 모습으로 비춰진다. 좋은 부모는 전후 맥락을 설명해 주거나, 자신들의 의사 결정을 신뢰할 수 있을 만한 정보를 공유해 주는 모습을 보인다. 개발자들은 언제나 가장 좋고, 가장 큰 게임을 만들고 싶어 한다. 프로젝트 관리자는 제한된 자원과 시간 속에서 균형을 맞춰가는 것이 가장 큰 업무라고 생각한다. 나쁜 부모처럼 명령만 내리려고 하지 말고 개발자와 관리자는 서로 좋은 파트너가 되어야 한다.

8. 계획보다는 사람이 먼저다(People over plans)

어떤 회사가 되었든, 설립 이래로 이어져 온 자신들만의 규칙을 가지고 있다. 예를 들면, 팀장 자리에 공석이 생겼다고 가정했을 때, 보통 전후 사정을 생각하지 않고 특정 업무 성과가 좋다는 이유로 해당 직원을 승진시킨다든지 하는 규칙 등을 들 수 있다. 하지만 모두의 신뢰를 얻기 위해서는 보다 유연한 대처를 하는 것도 중요하다. 만일 역할에 맞는 사람이 없으면 공석이 채워지기 전까지 모두가 이해하는 선에서 보고 체계 등을 바꿀 수도 있고, 이를 통해 조직 내부에 또 다른 신뢰감을 심어줄 수 있다. 안전 지대(comport zone)에서 벗어나는 노력이 중요하다.

9. 전후 사정의 중재자가 되어라(Context resolution)

협업과정에서 발생되는 힘든 일은 프로젝트 관리자의 몫이다. 그래서 그들은 프로젝트를 항상 현실적으로 본다. 협업 과정에서 디자이너(개발자)는 하루가 멀다 하고 계획에 대한 변화를 만들기 때문에, 훌륭한 프로젝트 관리자라면 이러한 변화의 맥락을 이해하고, 중간에서 중재자 역할을 수행하는 것이 필요하다. 프로젝트 관리자는 프로젝트에서 각 분야별로 무슨 일이 일어나고 있는지 알고 있는 사람이다. 보통 이들은 이러한 지식을 소중하게 감추고 있는데, 이러한 맥락들을 개발자들에게 공유하는 것만으로도 신뢰감을 쌓을 수 있다는 것을 잊지 말자.

마지막 규칙, "듣고, 생각하고, 그다음에 말하라"

열 번째 규칙은 너무나도 간단하다. 바로 '먼저 듣고, 생각하고, 그다음에 말하는 것'이다. 누군가 말하는 데 끼어드는 것은 신뢰를 깨뜨리는 일 중 가장 쉽고 빠른 일이다. 듣고 난 뒤에 생각하는 것이 핵심이다. 누군가가 말하는 도중에 혼자 머릿속으로 생각하기 시작하면, 그 순간부터 남이 하는 말은 귀에 들어오지 않는다. 따라서 타인의 이야기를 경청한 뒤, 생각을 정리해 말하는 습관을 가져야 한다. 듣지 않으면, 신뢰를 얻을 수 없다.

서로를 이해하는 프로젝트 협업

다 함께 하는 일을 즐겁게 할 수는 없을까? 25년간 직장 생활을 통해 협업을 해치는 사람의 행동을 많이 봐 왔다. 그들은 대개 3가지 유형으로 모습을 드러낸다.

첫째, 필요할 때만 '우리는 하나'를 외치는 사람들이다. 야근까지 하며 도와주고 있는데 정작 주관하는 팀은 모여서 농담이나 하고 있고 심지어 정시 퇴근까지 한다. 이들이 잘 쓰는 언어가 있다. 회사의 공동 목표를 위해 도와달라고 한다. 결과가 좋으면 자기 때문이고, 실패하면 다른 부서가 적극적으로 도와주지 않았다고 핑계를 댄다.

둘째, 무조건 자신이 정답이라고 우기는 사람이다. 그렇게 자신 있으면 직접 하지, 왜 지원을 요청할까? 그들은 문제를 풀어서 정답이 나온 것이 아니라 그냥 감으로 정답을 외치는 사람들이다. 이런 사람에게는 적당히 도와줄 수밖에 없다.

셋째, 말과 행동이 다른 사람이다. 협업할 때 참여자 간 신뢰와 투명성은 기본이다. 그런데도 상황이나 정보를 숨기고 자신만의 '플랜 B'를 가지고 있다. 내부경쟁이 심하거나 책임추궁이 강한 조직문화를 가진 회사일수록 이런 사람들이 득세한다. 문제가 생기면 자기 때문이 아니라고 선을 긋는다. 이런 사람과는 엮이지 않는 것이 최선이다.

협업할 때 일할 사람과 시간이 많다고 좋은 성과가 나오는 것은 아니다. 파킨슨 법칙(Parkinson's law)이란 것이 있다. 영국 행정학자 시릴 노스코트 파킨슨(Cyril Northcote Parkinson, 1909~1993)이 1957년에 주창한 법칙으로 '공무원의 수는 업무량과는 직접적인 관계없이 심리적 요인에 의하여 꾸준히 증가한다'는 이론이다. 이 법칙을 업무에 적용하면 이렇다. 어떤 사람에게 보고서를 제출할 기간으로 1주일을 준다면 그는 그 일을 끝내는데 1주일을 다 쓴다. 만일 똑같은 일을 2주일에 끝내도록 요구하면 끝내는데 역시 2주일을 다 소모할 것이다. 업무 자체가 복잡하거나 힘들지 않더라도 마찬가지이다. 이것은 직장 내에서 일어나는 불변의 법칙이다. 즉 업무는 그에 할당된 시간만큼 늘어지는 경향이 있다. 이처럼 관료조직의 비효율성과 대기업 병은 조직의 속성 때문에 생긴다.

조직이든 개인이든 시간이 많을수록 일을 신속하게 처리하지 않는다. 일할 사람이 많다고 업무가 줄어들지 않는다. 그래서 회사에서 협업할 때는 프로젝트 계획을 체계적으로 세워야 한다. 계획의 각론은 구체적이며, 측정 가능해야 하며, 바로 행동할 수 있는 지침으로 구성되어야 한다. 그리고 현실적으로 실현가능해야 하며 시간제한을 두어야 한다. 이런 계획에 따라 프로젝트를 세분화하여 가장 적임자에게 업무가 주어져야 한다. 두리뭉실한 업무 지침은 일을 하지 말라는 것과 같다.

수주를 위한 제안 프로젝트를 할 때도 마찬가지다. 프로젝트 관리자는 먼저 제안 프로젝트 특성을 먼저 분석한 후, 업무를 세분화하여 조직 내 가장 적임자에게 제안 전략과 방향을 정확히 전달하고 세부 콘텐츠를 작성하도록 해야 한다. 이때 작성 분량과 마감 시간을 명확히 한다. 작성 분량을 정해주지 않으면 작성자가 프로젝트의 핵심에 대해 고민하기보다는 교과서 같은 내용으로 가득한 초안을 가져오는 경우가 다반사다. 초안이 오면 프로젝트 관리자는 제안 전략과 일치하는지를 우선 검토한 후, 필요하면 재작성을 요구한다. 작성된 내용의 잘잘못을 지적하기보다는 전체 제안 전략과의 일치성을 찾기 위함임을 분명히 밝혀야 한다. 서로 협력하는 프로젝트에서는 틀렸다는 이야기보다는 '생각이 다름'을 이야기해야 서로 감정이 다치지 않고 프로젝트를 끝까지 끌고 갈 수 있다.

기업에서 마케팅이든, 제안이든 프로젝트를 진행할 때 프로젝트 관리자의 역할은 매우 중요하다. 프로젝트 관리자는 프로젝트 특성에 따른 통찰은 물론, 협업하는 사람과 시간을 관리하는 역량을 갖추어야 한다. 이러한 역량은 성공과 실패를 경험하는 과정에서 하나씩 쌓인다. 그동안 경험을 통해 프로젝트 관리자가 흔히 하는 실수와 그것을 대비할 방법을 소개한다.

팀 전체 회의를 통해 미리 목표를 설정하지 않는 것

처음부터 팀 전체가 역할과 책임, 최종 결과물을 이해하는 것이 중요하다. 프로젝트 시작 전에 이해관계에 있는 책임자가 참석하는 킥오프 회의를 열어야 한다. 이 회의는 기대치를 정의하고 조율하는 데 도움이 되고 결국 팀을 독립적이고 자기 주도적으로 만드는 동시에 프로젝트에 대한 책임감과 주인의식을 높인다. 만약 회의에 참석하지 못한 팀원이 있으면 메일로 전달하기보다는 직접 찾아가 얼굴을 보면서 전달하는 것이 제일 좋다. 종종 같은 층에 근무하는 직원끼리도 얼굴 보면서 이야기하지 않고 메일로 전달하는 경우를 본다. 이런 사람은 메일을 보내 기록으로 남겼으니 자기 일은 다 했다고 생각한다. 이후의 결과는 상대방 책임이라는 아주 이기적인 생각으로 일하는 사람이다. 프로젝트 관리자는 이렇게 진행해서는 안 된다. 얼굴을 보면서 이야기할 상황이 안 되면 최소한 전화통화를 통해서라도 직접 프로젝트 상황을 전달해야 한다. 그래야 엉뚱한 결과물이 나오는 것을 방지할 수 있다.

대형 프로젝트를 작게 쪼개지 않는 것

대형 프로젝트를 작게 쪼개 감당할 수 있는 크기로 줄이면 팀원들은 안도감을 느끼고 자신감이 커진다. 처음에는 불가능해 보이던 프로젝트도 개별 작업 차원에서 보면 해낼 수 있다고 느끼기 때문이다. 따라서 팀에게 벅차다는 느낌을 주지 않으려면 프로젝트의 각 측면을 파악하는 시간을 가진 후 프로젝트를 최대한 작은 부분으로 쪼개 부분마다 작업 수행에 가장 적합한 팀원을 배정하는 것이 좋다.

프로젝트의 우선순위를 정하지 않는 것

협업을 하는 여러 부서는 내부 고객과 외부 고객을 위해 여러 개의 프로젝트를 동시에 진행하고 있다. 이 때문에 우선순위가 낮은 프로젝트에 매달려 있느라 눈에 더 잘 보이는 프로젝트가 밀려나는 경우가 발생한다. 프로젝트 관리자는 팀원에게 우선순위가 높은 작업이 무엇인지 인지시키고 그 우선순위가 바뀌었을 때 알려 주는 역할을 해야 한다. 프로젝트 우선순위를 명확히 전달하면 귀찮은 일과 골칫거리를 많이 줄일 수 있다.

팀원과 정기적으로 의사소통하지 않는 것

성공적인 프로젝트 관리에서 지속적인 의사소통의 중요성을 부정할 사람은 없을 것이다. 그러나 막상 프로젝트가 시작되면 팀과 만날 시간이나 주요 이해관계자에게 업데이트하는 것을 놓치는 경우가 많다. 이럴 때는 정기 회의에 참석할 인원과 추가 참여 인원을 정해 두면 순조로운 진행에 도움이 된다. 참여 인원수를 적정하게 유지하는 것이 중요하다. 사공이 너무 많으면 배가 산으로 갈 수 있다.

일이 잘못될 때 방향을 수정하지 않는 것

프로젝트 관리자라면 누구나 알고 있듯이 최선을 다해도 일이 잘못되거나 프로젝트가 실패할 수 있다. 실패의 두려움 때문에 프로젝트 관리자가 가망 없는 프로젝트를 살리기 위한 부질없는 노력에 내몰리는 경우가 있다. 이럴 때는 임원급 이해관계자가 좋은 결정을 적시에 내릴 수 있도록 투명하고 진실한 보고 수단을 만드는 것이 중요하다. 전략적으로 중요한 프로젝트에서 무언가 잘못되면 회사 차원에서 방향을 바꿔서 예산과 자원 또는 결과 기대치를 조정하면 프로젝트 성공에 도움이 될 수 있다.

손으로 이야기하기-1 : 프로토타입(Prototype)과 모형(Model)

디자이너는 아이디어가 떠오르면 손으로 그리면서 구체화한다. 아이디어가 생각날수록 스케치는 많아진다. 그중에서 선택된 아이디어는 좀 더 구체적인 단계로 들어선다. 디자이너가 프로토타입이나 모형을 만드는 것은 '손으로 하는 사고'를 구체화하는 것이다. 아이디어를 구체적인 프로토타입으로 만들어

내는 속도가 빠를수록 그 아이디어를 평가하고 다듬고 최상의 해결책을 찾는 것도 빨라진다. 초기 단계의 프로토타입은 무엇보다 신속하고 간단하고 저렴하게 제작되어야 한다. 왜냐하면 프로토타입을 만드는데 투자가 클수록 그 프로젝트에 대한 집착과 헌신도 커지기 때문이다.

프로토타입을 세련되게 다듬는 일에 대해 과잉투자를 하게 되면 두 가지 의외의 결과를 낳는다. 첫째, 조악한 아이디어임에도 불구하고 상용화를 위한 작업이 지나치게 많이 진척되는 경우가 생길 수 있다. 최악의 경우 끝까지 가버리기도 한다. 둘째, 모형 제작에 시간이 많이 필요해 더 저렴한 비용으로 새롭고 좋은 아이디어를 발견할 기회가 사라져 버린다는 점이다. 프로토타입을 만드는 목표는 실제로 작동하는 모델을 만들려는 게 아니다. 아이디어에 형태를 제공하고 현재의 장단점을 파악하여 더욱 정교하게 다듬어진 차기 모델에 대한 방향성을 얻으려는 게 진짜 목표다. 경험이 많은 디자이너는 프로토타입을 만들 때 "그만하면 됐어"라는 말을 적절한 시간에 던질 줄 알아야 한다.[50]

50.
팀 브라운, 『디자인에 집중하라(Change by Design)』, 김영사, 2010

건축 디자이너도 아이디어를 구체화하는데 모형을 적극적으로 활용한다. 땅이 가지는 여러 가지 제약조건을 파악하고 건물의 규모를 결정한 다음, 건물이 땅 위에 앉을 위치와 형태 등을 모형을 통해 구체화한다. 초기 모형 재료로는 스티로폼이 많이 사용되는데 1970~80년대에는 찰흙을 사용하기도 했다. 찰흙만큼 만들었다가 부수고, 다시 활용하기 편한 재료가 없었다. 여러 건물이 배치되는 아파트 단지의 경우에는 수많은 대안 검토를 통해 최적 안을 만들어 간다. 건물의 배치를 통해 사람들의 움직임은 물론 차량의 움직임까지도 함께 결정된다. 배치가 결정되면 건물의 구체적인 크기를 결정하여 일조권은 물론 시각적인 사생활 보호까지 고려해 정확한 위치를 결정한다.

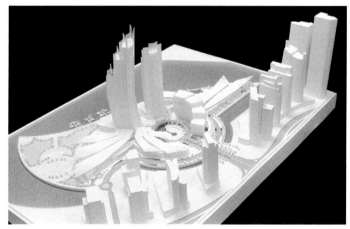

[건축 스터디 모형 사례 : 스티로폼 사용]

위치가 결정되면 건축 디자이너는 더는 하늘에서 내려다보는 디자인을 하지 않고 모형 안으로 들어가 실제 생활하는 사람의 감각을 느끼며 모든 것을 디자인하게 된다. 이 때 중요한 것은 모형의 크기(scale)이다. 1대1 실물 모형을 만들기는 어렵기 때문에 축소 모형을 사용한다. 디자인 초기에는 1/100, 1/500로 축소한 모형을 가지고 아이디어를 검토하지만, 디자인이 진행될수록 좀 더 정교한 크기로 제작함으로써 실제 공간과 같은 느낌을 얻으려고 한다. 디자인된 공간 안에서 생활할 사용자를 고려해야 하기 때문이다.

머릿속에 떠오른 아이디어를 놓치지 않는 것이 스케치라면, 프로토타입과 모형은 아이디어를 3차원으로 보이게 함으로써 아이디어를 구체화하고 실험하는 아주 유용한 방법이다. 직장인에게 이런 이야기를 하면 자신들이 하는 일에는 적용하지 못한다고 한다. 그들이 하는 말은 이렇다. 우리는 눈에 보이는 물체가 아닌 사람의 행동이나 할 일에 대해 기획한다. 그래서 디자이너처럼 프로토타입이나 모형으로 테스트할 수 없다고 한다. 과연 그럴까?

손으로 이야기하기-2 : 손으로 하는 기획과 제안

개업한 지 10년이 된 종합병원이 서비스를 개선하기 위해 컨설팅회사에 혁신안을 의뢰했다. 컨설팅회사는 바로 설문조사를 광범위하게 시행한다. 환자, 보호자, 간호사, 의사를 대상으로 불편한 점, 개선할 점 등을 조사한다. 그리고 좀 더 잘나간다는 다른 병원을 벤치마킹한다. 설문조사와 벤치마킹한 내용을 비교 분석해 300페이지 분량의 혁신 보고서를 제출한다. 결론은 '환자를 친절히 대할 것', '유명한 의사를 스카우트할 것' 단 두 가지다. 병원 경영진은 이를 바탕으로 기존 간호사와 의사를 다그치고, 많은 돈을 들여서 스타 의사를 영입한다. 1년이 지나자 컨설팅 전과 경영환경은 똑같아졌다. 병원 경영진은 또 컨설팅사에 혁신안을 의뢰한다. 컨설팅 회사만 수익이 늘었다. 그들은 눈에 보이지 않는 결과를 제시했기 때문에 책임질 일이 없고 책임질 수도 없다. 혁신안을 제대로 실행했는지는 컨설팅 회사의 책임이 아니기 때문이다. 가상으로 생각해 본 것이지만, 이런 일은 비즈니스 현장에서 수시로 일어난다.

이처럼 서비스업을 하는 기업들은 서비스가 무형이며 똑같은 서비스도 고객에 따라 경험이 달라지기 때문에 정형화하기 어렵다고 이야기한다. 이를 개선하기 위해 영국에서 '서비스 디자인(service design)'이란 분야가 개발되었다. '서비스 디자인'은 서비스의 추상적인 가치를 눈에 보이는 형태로 전달하고, 고객이 경험할 수 있는 모든 것을 일관성 있게 전달할 수 있게 분석하는 방법이다. 또한, 고객에게 오랫동안 각인될 수 있는 경험을 전달함으로써 기업이 고객과의 지속적인 관계를 유지할 수 있게 하는 혁신 도구중 하나다.[51]

51.
한국디자인진흥원, 『서비스디자인을 통한 1등 유지 전략(박혜란)』, Design Issue Report Vol.15(2011.06)

　　새로운 서비스를 개발하거나 개선하고자 할 때 서비스 디자인 분야에서 사용하는 도구가 있다. '고객여정지도(Customer Journey Map)'이 그것이다. 이 도구는 고객이 서비스의 시작부터 끝까지를 경험하는 과정을 차트 형식으로 표현하는 것이다. 병원을 예로 들면 병원에 도착해 접수, 대기, 진료, 처방 등의 과정을 관찰하여 차트 형식으로 시각화하는 것이다. 고객과 서비스 또는 고객과 브랜드와의 상호작용이 어디에서 이루어지는지를 알려 준다. 이렇게 파악되는 접점들은 기업이 목표로 하는 고객에게 가치를 제공하는 기회가 될 수 있고, 기업이 놓치고 있는 서비스 단계를 알려 주기도 한다. 시각화된 '고객여정지도'는 경영진, 실무자들과 커뮤니케이션을 원활하게 하며 서비스 개선점을 찾기 쉽게 한다. 최근에는 이러한 도구를 쉽게 사용할 수 있도록 웹사이트를 통해 서비스를 제공하는 곳도 있다(www.visual-paradigm.com 참조).

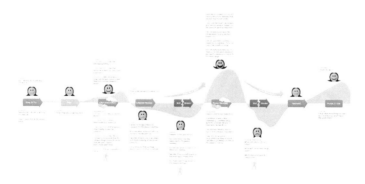

[고객여정지도(Customer Journey Map) 사례]

기획이나 제안 프로젝트에서도 디자이너처럼 스케치나 3차원 모형작업을 활용해 시각화하면 프로젝트를 효율적으로 관리할 수 있다. 기획이나 제안 프로젝트 최종 결과물은 보고서 형태로 만들어진다. 제안 방향과 세부 목차가 정해진 단계에서 최종 보고서 형태로 임시 편집하는 것이다. 임시 편집된 보고서는 디자인 모형처럼 프로젝트 관리자에게 앞으로 해야 할 것과 잘못되어 있는 것을 눈으로 확인하게 해준다. 임시 편집 보고서는 2단계로 구분되어야 효율적이다.

1단계 : 손으로 쓰고 임시 편집하기

프로젝트의 세부목차와 내용의 분량이 결정되면 A4용지(또는 이면지)를 활용해 목차 순서대로 손으로 종이에 콘텐츠 분량을 고려하여 배치한다. 손으로 정리하는 이유는 빨리할 수 있기 때문이다. 초기 임시 편집에 많은 시간을 소비하는 것은 어리석은 일이다. 쉽게 작업하기 위해서는 A4용지를 반으로 접어서 2페이지로 구성해야 풀을 이용해 쉽게 책처럼 만들 수 있다. 손으로 목차들을 쓰면서 한 장 한 장 정리하다 보면 처음 목차를 구성할 때 잘못된 것들이 눈에 나타나기 시작한다. 들어갈 콘텐츠 분량이 적절하지 않거나 중요한 콘텐츠가 뒤에 배치되는 현상들이 나타난다. 이런 과정에서 1차 수정이 이루어지는 것이다. 손으로 정리한 전체 페이지가 완성되면 반으로 접어 순서대로 풀로 붙여 1차 임시 편집 보고서를 만든다.

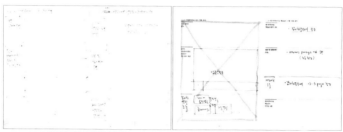

[1단계 임시 편집 사례]   [2단계 임시 편집 사례]

2단계 : 컴퓨터 프로그램으로 임시 편집하기

2단계는 손으로 임시 편집한 내용을 컴퓨터 프로그램으로 정리하는 단계다. 이 단계가 필요한 이유는 손으로 스케치한 콘텐츠는 개략적이기 때문에 컴퓨터 프로그램으로 정리하는 과정을 거쳐야 콘텐츠 분량을 정확하게 확정할 수 있기 때문이다. 제안서 작성 지침에 여백, 글자 크기 등이 지정되는 경우에는 지침에 맞게 컴퓨터로 작성한다. 이렇게 정리된 파일을 인쇄 옵션 '2쪽씩 모아 찍기'로 A4용지에 출력한 후 1단계처럼 반으로 접어 책자 형태로 만든다. 2단계 과정을 거쳐 만든 책자는 진도관리에도 유용하다. 콘텐츠가 완성된 페이지는 완료 표시를 함으로

써 남은 작업량을 쉽게 파악한다. 이 책자는 프로젝트 진도가 80%가 진행될 때까지 전체 작업의 가이드 역할을 한다. 매 순간 눈으로 프로젝트 진행을 확인할 수 있어 매우 유용하다. 전체 콘텐츠의 80% 정도 진행되면 A3용지에 '2쪽씩 모아 찍기'로 인쇄해 실제 크기 보고서로 만들어 프로젝트 종료까지 활용하면 더욱 효과적이다.

프로젝트 공간을 확보하라

범죄 수사를 다룬 영화를 보면 수사관들이 모든 정보와 진행 상황을 한눈에 볼 수 있는 공간에서 일하는 모습이 나온다. 벽에는 용의자의 사진, 관련 자료 등이 붙어 있고 커다란 화이트보드가 있어 동료들 간 의사소통이 쉽게 이루어진다. 2016년 개봉된 영화 「마스터」에서 그 사례를 볼 수 있다. 수사관 김재명(강동원 분)이 범죄자 진 회장(이병헌 분)을 추적하기 위해 한 공간에 모든 정보와 자료들을 벽과 화이트보드를 이용해 정리한다. 이런 공간에서는 전체를 한눈에 볼 수 있기 때문에 따로 떨어져 있는 정보 간 연관성을 쉽게 찾을 수 있다. 전쟁에서 지휘본부(commander room), 비상시 종합상황실(control center) 같은 역할을 하는 곳이다.

[프로젝트 공간의 벽면을 이용해 아이디어와 프로젝트 진행을 관리한다]

디자이너는 이런 공간을 좋아한다. 책임 디자이너를 중심으로 분야별 디자이너가 모여 스케치하고, 모형을 만들어 보면서 서로 의견을 교환한다. 벽에는 그동안 검토했던 자료들이 붙어 있어 아이디어가 떠오르지 않을 때 지난 자료들을 보면서 다시 생각할 수 있다. 신입 디자이너가 모형을 만들고 있으면 지나가던 선배 디자이너가 조언한다. 모든 작업들이 물 흐르듯 자연스럽게 흘러간다. 이런 공간에 프로젝트에 참여하는 모든 사람이 다 있을 필요는 없다. 세부적인 작업은 분야별 전문가들의 스튜디오에서 이루어지기 때문이다. 프로젝트가 시작될 때는 2~3명이, 막바지 작업에는 10명 내외의 인원이 모여 작업한다.

여기서 염두에 두어야 할 것은 프로젝트 공간에 참여하는 인원이 너무 많으면 오히려 효율이 떨어진다. 내 경험으로는 7명을 넘어가면 그들을 관리해야 하는 업무가 추가되어 비효율적으로 이루어지는 경우가 많다. 그렇게 되면 차라리 따로따로 일하는 것이 더 나을 수도 있다. 경험 많은 책임 디자이너는 업무 진행에 따라 적절히 참여 인원을 조정함으로써 업무 효율성을 높이는 방법을 알고 있다.

기업에서 기획이나 제안 프로젝트를 진행할 때 이런 공간을 활용하면 매우 효과적이다. 그들이 머무는 프로젝트 공간은 축적된 연구 자료와 사진, 스토리 보드, 모형 등이 모두 쌓여 있어 쉽게 찾을 수 있고 한눈에 프로젝트 자료를 볼 수 있다. 프로젝트 자료들이 한 번에 시야에 들어오면 일정한 패턴을 유지하는 게 수월해진다. 또 이러한 자료는 서류철이나 노트 또는 파워포인트에 담겨 있을 때보다 창조적인 조합 작업이 훨씬 더

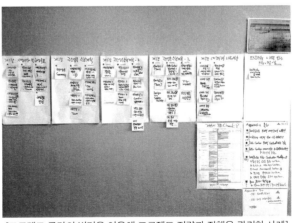

[프로젝트 공간의 벽면을 이용해 프로젝트 전략과 진행을 관리한 사례]

쉽다. 이렇게 적절히 디자인된 공간은 프로젝트 웹사이트 등을 통해 더욱 확장될 수 있다.

이런 공간에 있으면 프로젝트 관련자들은 오롯이 그 프로젝트에 집중할 수 있다. 그 공간에 있으면 동료들과 이야기하는 모든 대화가 서로에게 프로젝트에 관한 정보가 되고, 굳이 시간을 정해 회의를 하지 않더라도 의사소통이 이루어진다. 하지만 기업의 경영자들은 회사의 중요한 프로젝트라고 하면서 직원에게 이런 공간이 필요함을 못 느낀다. 자기 시야에서 일하는 모습이 보이지 않으면 노는 것처럼 보이기 때문일까? 정말 중요하다면, 프로젝트를 진행하는 직원이 집중할 수 있는 환경을 만들어야 한다. 그래야 몰입할 수 있고 창의적인 생각이 하나라도 더 나올 수 있다.

회사가 관료주의, 대기업 병에 물들수록 임원들의 공간은 커지고 실무자들의 공간은 줄어든다. 정작 8~10시간 일하는 실무자는 채광도, 환기도 되지 않는 작은 회의실에 모여 일하고, 하루에 2~3시간 앉아 있는 임원들은 창가에 넓게 자리 잡고 있다. 직원을 관리하는 것이 중요한 것인지, 회사의 사활이 걸려 있는 프로젝트를 진행하는 실무자 업무 환경이 중요한 것인지 CEO는 다시 한번 생각해 봐야 한다.

┃ 검토_힘들지만 좀 더 좋아지는 것

프로젝트를 진행할 때 검토를 받는 것보다 힘든 것은 없다. 대부분 기업에서 이루어지는 검토는 '발전적인 검토'보다는 CEO에게 월급을 받고 일하고 있다는 것을 보여 주기 위한 중간관리자들의 '한마디 툭 던지기'가 대부분이다. 프로젝트가 어떤 것인지도, 결과가 어떻게 되더라도 그들은 관심이 없다. '잘되면 내 탓, 안되면 네 탓'이다.

중간관리자들의 검토하는 태도에 대해 미국의 발명가이자 과학자인 찰스 케더링(Charles Franklin Kettering : 1876~1958) 다음과 같이 말했다. "사람들은 새로운 무언가가 나타나면 좋은 것보다 나쁜 것을 찾는데 관심을 집중한다. 새로운 아이디어를 평가위원회에 제출하면 이런 사실이 금방 입증된다. 그렇게 해서 새로운 무언가를 발견하면 그들은 그 10%의 단점을 위해 나머지 90%의 장점을 무시해 버린다. 새로운 아이디어의 잠재 가능성을 이해하지 못하는 것이다. 왜냐하면 그 가능성을 내다볼 수 있는 사람은 1천 명 가운데 1명도 안 되기 때문이다."[52]

스티브 잡스(Steve Jobs)도 기업에서 너무 많은 중간관리자로 인한 부작용에 대해 1985년 2월 Playboy지 인터뷰에서 이렇게 말했다. "회사를 운영하는 사람들과 그 안에서 실무를 처리하는 사람들 사이에 너무나 많은 중간관리자가 있습니다. 열정

52.
조영탁의 행복한 경영이야기, 제1297호(2009.10.14.),
http://www.
happyceo.co.kr

적이고 창의적인 사람이 자기가 옳다고 생각하는 일을 하기 위
해 5단계의 경영층을 설득해야 하는 상황에 놓인 것입니다."**53**

　　미국이나 우리나, 회사에서 벌어지는 상황은 똑같다. 이
렇게 불합리하다고 생각되는 일이 일어나는 이유는 '회사'라는
조직이 가지는 본질적인 속성 중 하나일 것이다. 그럼 디자이너
가 일하는 회사는 어떻게 검토할까?

　　디자이너도 남에게 검토받는 것을 싫어한다. 며칠 밤을
새우고 찾아낸 아이디어를 남이 검토하는 것은 마치 내 알몸을
보여 주는 기분이 들기도 한다. 하지만 혼자 하는 작업이 아닌
이상 디자이너도 동료나 상사에게 검토를 받아야 한다. 하지만
디자인 회사에서 이루어지는 검토는 일반 회사보다 생산적인 검
토가 이루어지는 몇 가지 다른 요인이 있다.

　　첫째, 눈에 보이는 결과물을 가지고 검토가 이루어진다.
디자이너는 텍스트로 가득한 문서가 아니고 스케치나 다이어그
램, 스터디 모형 등을 가지고 검토한다. 검토할 내용이 한눈에
보이기 때문에 검토하는 도중에 옆길로 빠질 염려가 없다. 스케
치에 스케치를 더하거나, 모형의 위치와 크기를 바꾸는 행동을
통해 결론을 내린다.

　　둘째, 디자인 회사의 검토는 단계별로 이루어진다. 초기
개념을 잡을 때, 디자인 발전 단계, 최종안 확정 단계 그리고 고

53.
http://reprints.
longform.org/
playboy-interview-
steve-jobs

객에게 제출하기 전 최종 디테일을 확인하는 단계 등 단계별로 검토가 이루어지기 때문에 디자인은 점점 발전된다. 때론 디자인이 70~80% 진행되었는데 디자인 개념이 바뀌는 일이 발생한다. 제일 어려운 순간이다. 하지만 디자이너는 바뀐 개념이 더 적절하다면 새로 시작하는 것을 두려워하지 않는다. 그동안 작업한 도면, 모형들이 모두 쓰레기통으로 버려지더라도 바뀐 개념의 최종 결과물이 더욱 좋다는 것을 확신하기 때문이다. 디자이너는 디자인 교육과 실무 경험을 통해 이미 지불한 비용이 아까워서 다른 합리적인 선택에 제약을 받는 '매몰 비용의 오류(sunk cost fallacy)'에 빠질 확률이 낮다.

'매몰 비용의 오류'는 우리 주변에서 많이 볼 수 있다. 영국과 프랑스가 추진한 '콩코드 여객기' 프로젝트는 처음부터 초음속 여객기의 사업성이 높지 않다는 것을 알고 있었으나 오로지 국가의 체면을 유지하기 위해 지속하다가 2003년 비행을 마지막으로 역사 속으로 사라졌다. "돌아가기에는 너무 멀리 와버렸다"라든가 "나는 이 프로젝트에 1년이나 매달렸다"라고 말할 때는 이미 매몰 비용의 오류기 한구석에서 뱀처럼 똬리를 틀기 시작한 것이다.[54]

54.
롤프 도벨리(Rolf Dobelli), 『스마트한 생각들』, 웅진씽크빅, 2012

내가 대학 졸업할 당시(1980년대 후반), 건축과에서 디자인을 전공한 학생들은 졸업 논문 대신 설계 작품으로 평가를 받

았다. 졸업 작품 전시회가 이틀밖에 남지 않았는데 지도교수님
이 늦은 밤에 오셔서 전시할 작품 패널에 수정할 곳을 빨간 유
성 사인펜으로 점검하셨다. 그 때는 모든 도면 작업이 수작업으
로 이루어 졌기 때문에, 요즘처럼 컴퓨터로 수정한 후 프린터로
출력하면 되는 상황이 아니었다. 10시간 동안 그린 도면 위에 교
수님은 낙서를 하고 가신다. 우린 눈물을 머금고 다시 그렸다.
신기하게 2시간 만에 다시 그렸다. 전시 날짜를 맞추기 위해 집
중과 몰입을 했겠지만, 그동안 작업 과정을 머리와 손이 기억하
고 있어 작업이 빨리 이루어진 것이다. 이처럼 디자이너는 그동
안 작업이 물거품이 되더라도 다시 시작하는데 주저함이 별로
없다. 새로운 아이디어가 기존 것보다 좋다면 기꺼이 처음부터
다시 시작하는 훈련을 학교와 직장에서 배운다.

　　프로젝트 책임자가 다른 사람들에게 검토를 받는 것은
짜증나고 힘든 일이다. 하지만 프로젝트의 성공 확률을 높이려
면 '생산적인 검토'는 꼭 해야 한다. 이런 검토라면 몇 번이라도
받아야 한다. 하나의 프로젝트에 너무 집중하다 보면 주변 상황
에 대한 인식이 떨어져 놓치는 것이 많기 때문이다.

　　일반 기업에서 기획이나 제안 프로젝트의 검토가 생산적
으로 되려면 다음 세 가지를 꼭 지켜야 한다.

첫째 : 검토자는 사전에 지정해야 한다.

프로젝트의 검토자는 시작 단계부터 적임자를 선정해야 한다. 적임자 선정은 단순히 직급이 높거나, 학력이 높은 사람을 선정하면 검토가 제대로 이루어지지 않는다. 프로젝트의 특성에 따라 그 분야의 경험과 코칭 역량 그리고 조력자 역할을 할 수 있는 사람을 선정해야 한다. 검토자를 선정하면 프로젝트의 정보, 진행 상황을 지속해서 메일 등을 통해 커뮤니케이션함으로써 검토자에게 프로젝트 소속감을 주어야 한다. 아무런 사전 연락과 정보 제공도 없이 검토회의를 소집하는 것은 전형적인 관료주의다. 그건 검토를 통해 더 좋아지는 아이디어와 개선점을 찾는 것이 아니라 하나의 요식행위에 불과하다.

둘째 : 검토는 프로젝트 진행 단계별로 이루어져야 한다.

기업의 관리자는 프로젝트 전략 수립단계에는 '한 번 해봐'라고 하다가 눈에 보이는 결과물이 나오면 '이건 저거고, 저건 이거다'라고 간섭하기 시작한다. 전략에 대한 단 한 번의 고민도 해보지 않은 사람이 나온 결과물만을 가지고 전략을 뒤집으려 한다. 이런 현상을 방지하기 위해선 검토는 단계별로 이루어져야 한다. 크게 전략수립 단계, 세부 콘텐츠 80% 완성 단계, 그리고 최종 제출단계 등으로 구분하여 이루어져야 한다. 전략수립 단계에서 검토는 기획이나 제안의 방향과 이길 수 있는 전략인지를 검토한다. 세부 콘텐츠 검토 단계에서는 방향과 전략이 콘텐츠에 잘 녹아 들어가 있는지를 검토한다. 최종 제출 전에는 고객의 요구한 작성지침에 적합한지와 최종 오타 등을 검토한다.

　　　외국 수주기업의 경우 이런 단계별 검토 팀을 색깔별로 구분하여 활용한다. '블루 팀(blue team)'은 전략과 제안 솔루션을 검토하고, '핑크 팀(pink team)'은 제안 콘텐츠의 스토리보드나 목업(mock-up)을 중점 검토한다. '그린 팀(green team)'은 이길 수 있는 가격 전략을 검토하고, '레드 팀(red team)'은 최종 결과물을 검토해 스스로 점수를 매기는 역할을 한다.[55]

55.
Larry Newman, Shipley Capture Guide, Shipley Associates(Third edition, 2011)

셋째 : 검토 결과는 문서로 피드백(feed back)한다.

　　　검토자의 단계별 검토 결과는 문서로 프로젝트 책임자에게 전달되어야 한다. 종종 검토한다고 10명이 넘는 사람들이 모여 3~4시간씩 회의를 하는 경우가 있다. 경영진에게 열심히 하고 있다는 모습을 보여 주기 좋아하는 임원이 선호하는 방식이다. 이런 회의는 아무런 소득도 없이 참여하는 직원의 시간만 소비하고 끝난다. 프로젝트 실무자는 회의 준비하느라 시간만 소비하고, 팀장은 자기 목소리만 내는 임원 눈치 보기 급급하다. 전형적인 관료주의며, 대기업 병이라 할 수 있다.

　　　단계별로 지정된 검토자가 자료를 검토하여 그 결과를

문서로 전달하면, 프로젝트 책임자는 검토 내용을 확인하고 꼭 필요한 경우에만 회의를 소집하면 된다. 생색내는 회의에서는 필요 없는 말들을 쏟아 내지만, 문서로 결과를 보내는 경우 검토자는 더욱 신중해진다. 검토 결과가 문서로 남기 때문이다. 그리고 검토 내용에 대한 반영 여부는 프로젝트 책임자에게 주어져야 한다. 최종 프로젝트에 대한 책임은 검토자가 아닌 프로젝트 책임자에게 있기 때문이다.

검토 과정은 실무자에게는 힘들지만, 경쟁에서 이기기 위해서는 꼭 필요한 과정이다. 실무자가 힘들어하는 것은 아무런 소득 없이 시간만 낭비하는 검토다. 생산적인 검토라면 누구라도 반긴다. 기업 관리자는 검토하는 회의가 '논쟁하는 회의', '자신의 직급을 보여 주기 위한 회의', '자기주장만 하는 사람들로 가득한 회의'가 되지 않도록 검토 프로세스를 운영하는 것이 필요하다.

제 7 장

달라야 이길 수 있다
_단순함과 차별화

디자이너가 추구하는 단순함
기업에서 단순함을 이룰 수 있을까?
기획과 제안에서 단순함으로 차별화하기
표준화된 제안이 가능할까?
스트레스에서 벗어나 단순하게 일하기
한눈에 보게 해 주세요_요약하기

한 분야에 대한 자료와 정보를 많이 갖고 있으면 전문가로 대접받던 시절이 있었다. 좀 더 많은 자료를 모으려고 교수님과 선배 몰래 책이나 자료를 밤새 복사했다. 자료를 복사하고 나면 모든 내용이 머릿속에 들어온 것처럼 뿌듯함을 느꼈다. 하지만 이제는 자료와 정보를 빛의 속도로 얻을 수 있다. 심지어 걸어가면서도 찾을 수 있다. 많이 가지고 있다는 것이 장점인 시대는 지났다. 남들이 쉽게 찾을 수 없고, 가질 수 없는 단단한 지혜의 칼이 필요한 시대다. 생텍쥐페리(Saint Exupery, 1900~1944)가 "완벽함이란 더 이상 보탤 것이 없을 때가 아니라 더 이상 뺄 것이 없을 때 이루어진다"라고 했듯이 단순함이 세상에서 차별화되는 시대다.

디자이너가 추구하는 단순함

요즘 다시 '미니멀리즘(minimalism)'이 대세다. 디자인 분야는 물론이고 생활방식에서도 심플하고 단순하게 살기 위해서

'불필요한 물건 버리기'가 유행처럼 번지고 있다. 정보의 홍수, 넘쳐나는 물건들 사이에서 사람으로 살아남기 위한 모습처럼 보이기도 한다.

'미니멀리즘(minimalism)'은 제2차 세계대전을 전후하여 시각 예술 분야에서 출현하여 음악, 건축, 패션, 철학 등 여러 영역으로 확대되어 다양한 모습으로 나타나고 있다. 영어로 '최소한도의, 최소의, 극미의'라는 뜻의 '미니멀(minimal)'과 '주의'라는 뜻의 '이즘(ism)'을 결합한 미니멀리즘이라는 용어는 1960년대부터 쓰이기 시작했다. 미니멀리즘은 기본적으로 예술적인 기교나 각색을 최소화하고 사물의 근본 즉 본질만을 표현했을 때, 현실과 작품과의 괴리가 최소화되어 진정한 현실감이 달성된다는 믿음에 근거하고 있다. 회화와 조각 등 시각 예술 분야에서는 대상의 본질만을 남기고 불필요한 요소들을 제거하는 경향으로 나타났으며, 그 결과 최소한의 색상을 사용해 기하학적인 뼈대만을 표현하는 단순한 형태의 미술작품이 주를 이루었다.[56]

56.
네이버 지식백과, '미니멀리즘', http://terms.naver.com/

19세기 말 오스트리아의 건축가 아돌프 로스(Adolf Loos : 1870~1933)는 "장식은 죄악이다"라는 극단적인 표현으로 건축디자인에서 필요 없는 장식을 제거하고자 했다. 이처럼 디자이너는 본질을 제대로 전달하기 위해 단순함을 추구하는 경향이 강하다.

단순함이란 간단하고 비용이 적게 드는 것을 이야기하는
것이 아니다. 단순함을 구현하기 위해서는 모든 복잡성을 정리
하여 서열을 정하고, 불필요한 부분을 없애 자신의 존재를 만들
기 위한 극한 노력이 필요하다. 단순한 제품 디자인으로 유명한
일본 무인양품(無印良品)의 궁극적으로 추구하는 디자인 목표는
'이것으로 충분하다'이다. 즉, 무인양품 디자인 목표는 '잘 제어
된 선택'을 통해 단순함을 성취하는 디자인이다.[57]

57.
닛케이 디자인. 『무인
양품 디자인』. 미디
어샘, 2016

디자이너는 어떻게 단순함을 만들어 갈까? 로고 디자인
에서 그 사례를 찾아볼 수 있다. 런던 심포니 오케스트라(Lon-
don Symphony Orchestra) 로고를 처음 보는 사람들은 런던 심포니
오케스트라의 머리글자인 LSO를 단순하게 형상화한 것으로 생
각한다. 좀 더 자세히 살펴보면 지휘자가 양손으로 지휘하는 모
습이 보인다.

[런던 심포니 오케스트라 로고]

[지휘자 '시몬 래틀'의 지휘하는 모습을 모션 캡쳐하는 과정]

이 로고를 디자인한 영국 디자인회사 더 파트너스(The Partners)는 런던 심포니 오케스트라의 지휘자 시몬 래틀(Simon Rattle)의 지휘하는 모습을 '모션 캡쳐(motion capture)' 방식을 이용해 초당 120프레임의 비디오 데이터화했다. 이것을 분석하고 단순화해 오케스트라 머리글자인 LSO와 연결시켰다. 언뜻 보기에는 디자이너의 번득이는 영감으로 순식간에 만들어 낸 것 같지만, 그 과정은 길고 힘든 것이다. 사람들은 단순한 디자인을 보면 "나도 할 수 있겠다."라고 생각하지만, 디자이너의 단순화를 위한 과정을 안다면 쉽게 그런 말을 할 수 없을 것이다.

단순함을 추구하는 디자이너가 일반 기업 관리자와 함께 일하면 힘들어한다. 기업 관리자는 자꾸 무언가를 더 집어넣으려고 하기 때문이다. 여백만 보이면 이것저것 넣어달라고 한다. 그러다 보면 디자인은 동네 슈퍼 전단지가 되고, 색동저고리가 된다.

　　세계적인 산업디자이너 카림 라시드(Karim Rashid, 1960~)가 2017년 우리나라를 방문해 조선일보와 한 인터뷰에서 한국기업의 디자인에 대한 인식에 대해 다음과 같이 말했다. "한국을 27번 오가면서 한국 기업들이 색다르고 파격적인 제품을 만드는 것에 두려움이 있다는 걸 깨달았습니다. 이유를 모르겠어요. 한국인은 새로운 것을 좋아하고 문화적으로나 기술적으로 진보적인 편입니다. 삼성이나 LG만 봐도 기술적으로 앞서 있다는 것을 알 수 있죠. 그런데 디자인만큼은 보수적입니다. 한국 기업과 일했지만 결국 시장에 못 나온 제품도 있습니다. 그들은 개성이 없고 뻔한 디자인을 찾았어요. 안타까웠습니다. 조금 더 도전적일 필요가 있어요."[58]

　　디자이너가 제안하는 디자인이 모두 좋은 것은 아니다. '좋은 디자인은 완성도 높은 완벽한 것'을 보여 주는 것이다. 생텍쥐페리가 이야기한 "완벽함이란 더 이상 보탤 것이 없을 때가 아니라 더 이상 뺄 것이 없을 때 이루어진다."라는 말을 다시 한번 생각해 볼 때다.

58.
http://news.
chosun.com/site/
data/html_dir/
2017/09/19
/2017091901802.
html

〃기업에서 단순함을 이룰 수 있을까?

회사에서 중요하게 생각하는 프로젝트 기획과 제안 업무를 하다 보면 여기저기서 간섭사항이 많아진다. 직접 하기는 부담스럽고 CEO에게 잘 보이고 싶은 임원들이 한 마디씩 거든다. 그런 임원은 CEO가 참석하는 검토회의라도 열리면 "자기가 이런 의견을 냈는데 반영하지 않았다"라고 회의 석상에서 실무자를 질책한다. 진행상황을 잘 모르는 CEO는 임원을 거든다. 다 반영하라고 한다. 연초에 내세운 '단순함을 통한 업무 혁신'이라는 경영 방침은 구호에 그친다.

조직 규모가 커지면 관리하기 위해 시스템을 만들고, 절차를 만들고 각종 지침이 만들어진다. 관리를 관리하기 위한 자리들이 하나둘씩 늘어난다. 어느 순간 돌아보면 무슨 일을 하는지 모르는 사람들이 많아진다.

CEO는 다시 혁신을 외친다. 하지만 임원은 움직이는 척만 한다. 새롭게 만든 각종 TF에서 쏟아내는 혁신 보고서는 날로 늘어간다. 실무자들은 기존 업무에 혁신 과제까지 추가되어 야근과 철야를 거듭한다. 밤늦게까지 회사에 불이 켜져 있는 걸 본 CEO는 흡족해 한다. 이런 상황에서 우린 단순함을 추구할 수 있을까?

'이케아(IKEA)'의 창업자 잉바르 캄프라드(Ingvar Kamprad, 1926~)는 기업은 복잡성과 관료주의를 경계해야 한다고 이야기한다. 이케아가 끝까지 가져가야 할 기업문화에 대해 자신이 직접 쓴 책『작은 이케아 사전(A Little IKEA Dictionary)』에서 단순함과 관료주의에 대해 다음과 같이 조언한다.[59]

"단순함이란 단어에 숨어 있는 핵심은 효율성, 상식 그리고 자연스럽게 일하는 것이다. 단순하다고 느끼면 복잡한 해결책을 선택할 필요가 없다. 규칙이 적을수록, 지침이 짧을수록 쉽고 자연스러운 것이다. 설명이 짧을수록 쉽게 이해하고 만들 수 있다. 단순한 습관과 행동은 이케아 문화의 하나다."

"관료주의는 문자 그대로 '책상의 힘'을 의미하며, 그것은 형식적인 탁상행정을 말한다. 우유부단함, 분석, 프로젝트 그룹 그리고 끝없는 토론에서 잘못된 결과가 발생한다는 것을 잊지 마라. 복잡한 체계와 규칙은 회사가 마비된다는 것이다. 쓸데없는 위원회, 보고서, 서류 작업은 많은 시간, 에너지 그리고 비용이 든다. 의사 결정권을 가진 작은 팀은 느린 관료주의에 대해 한 방 먹일 수 있다."

글로벌 기업의 CEO를 인터뷰하면서 단순함의 중요성을 파악한 조선일보 기자 이지훈은『단(單)-버리고, 세우고, 지키기』에서 기업경영의 단순함에 대해 세 가지로 정의했다. 첫째, 단순함은 불필요한 것을 모조리 제거하고 오직 핵심만 남겨 놓은 상태다. 둘

59.
Ingvar Kamprad, *A Little IKEA Dictionary*, Inter IKEA System B.V.(2007)

60.
이지훈, 『단(單)-버리고, 세우고, 지키기』, 문학동네, 2015

째, 단순함은 중요하지 않은 것에 맞서 중요한 것에 집중하는 것이다. 셋째, 단순함은 남의 기준이나 가치를 걷어내고 나만의 가치를 세우는 것이다.[60] 불필요한 것을 '버리고', 나만의 가치를 '세우고', 마지막으로 어떤 고난에도 가치를 '지켜야' 한다고 주장하면서 '버려라·세워라·지켜라'를 '단(單)의 공식'으로 제시하고 있다.

개인 생활은 물론, 기업경영에서 단순함을 추구하는 것이 단기간의 유행이나 구호로 그쳐서는 그 힘을 발휘할 수 없다. 지속성이 있어야 힘을 발휘하며, 그 힘이 나타낼 때까지 기다릴 줄 아는 인내가 있어야 그 열매를 맛볼 수 있다.

기획과 제안에서 단순함으로 차별화하기

회사에서 기획이나 제안업무를 하는 직원은 3단계로 성장한다. 기획이나 제안업무를 처음 하는 직원은 어떻게 해야 할지 몰라 이것저것 모두 모아 놓은 자료를 바라만 보고 있다. 그속에는 장단점이 뒤섞여 있어 정리되지 않는다. 어느 정도 경험이 쌓이면 이제는 장단점을 구분한다. 그런데 중요성에 대한 판단 감각이 부족해 장점이란 장점은 모두 나열한다. 그야말로 '백화점식 기획과 제안'이 나온다.

좀 더 경험이 쌓이면 프로젝트 중요성과 회사가 가진 장점을 연결해 우선순위를 정하고 강조하는 단계에 도달한다. 전쟁터에 나가 싸워볼 만한 단계가 된다. 사람마다 다르겠지만, 기획이나 제안업무에 5년 이상 경험이 쌓이면 이 단계에 도달할 수 있다. 그동안 경험을 통해 기획과 제안 업무에서 단순함을 이룰 수 있는 몇 가지 Tip을 제시한다.

단순함을 위한 Tip-1 :
전략이든, 해결책이든 3가지 이상 제시하지 마라

장점과 해결책을 너무 많이 제시하면 고객은 무엇이 진짜 중요한 것인지 모른다. 미국마케팅협회(American Marketing Association)가 2014년 발표한 논문을 보면 제품의 장점을 3가지로 제시할 때 제품에 대한 호감도와 인상이 가장 높아진다고 한다. 장점이 3가지 이상 되면 제품에 대한 호감은 낮아지고 의심은 상승한다.[61]

61.
Suzanne B. Shu,
*When three claims
but four alarms*,
Journal of Marketing,
2014, Vol 78(Jan),
pp.128~139

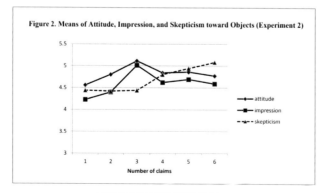

[장점 수에 대한 고객 호감도 변화]

166

프로젝트에 대한 제안 기획 단계부터 전략 3가지, 각 전략에 대한 전술이나 해결책 3가지 등 '3-3-3 법칙'을 적용해 기획하면 제안이 체계적으로 정리되어 단순함 속에서 차별화를 이룰 수 있다. 이런 제안 방식은 고객의 기억 속에도 쉽게 정리되어 좋은 인상을 남길 수 있다.

단순함을 위한 Tip-2 :
장점의 우선순위는 고객 입장에서 정해라

우리가 가진 제품과 서비스의 장점만을 강조하는 제안을 많이 본다. 이런 제안 PT를 듣는 고객은 3분이 지나면 관심을 잃기 시작한다. 5분이 지나면 PT를 멈추고 이런 질문을 한다. "그래서, 무엇을 어떻게 하겠다는 이야기입니까?", "우리 프로젝트가 뭔지는 알고 계신가요?". 아무리 좋은 장점과 해결책도 고객이 필요하지 않으면 소용없다. 고객의 문제를 해결할 수 있는 장점은 고객이 생각하는 중요도를 파악해 순위를 정해야 한다. 그리고 이러한 장점은 고객이 알아들을 수 있는 말과 글로 설명해야 한다.

단순함을 위한 Tip-3 :
슬라이드 여백을 두려워하지 마라

기업에서 파워포인트나 키노트 등을 활용해 보고 자료를 만든다. 워드 프로그램보다 파워포인트나 키노트로 작성된 보고서의 가장 큰 약점은 슬라이드 한 장 한 장이 개별적으로 인식되어 연결이 되지 않는 것이다. 각각의 슬라이드를 개별적으로 인식하다 보니 슬라이드에 여백이 생기면 무언가를 채워 넣으려고 한다. 그러다 보면 아무런 의미 없는 내용, 이미지 등이 추가되어 보는 사람을 혼란스럽게 한다. 잘 정돈된 슬라이드 여백은 보는 사람에게 편안함을 준다. 그리고 발표하는 사람이 주장하는 내용에 집중하게 만든다.

슬라이드 여백을 제대로 활용하려면 전체 슬라이드의 기준 그리드를 먼저 만들어 체계적으로 활용해야 한다. 제목과 내용, 텍스트와 이미지 배치 등을 반영한 그리드를 설정하여 체계적으로 활용하면, 허전한 공간이 아니라 '의도된 비어 있음'으로 인식된다.

제안에서 단순함을 통해 차별화를 이룬 사례다. 2010년 수원에 있는 농진청 5개 기관이 전주혁신도시로 이전하는 건설사업관리 프로젝트 입찰을 준비했다. 이 사업은 부지면적이 6백만 제곱미터, 공사비가 8,900억이 소요되는 건설사업이었다. 공공기관 지방이전 사업 중 최대 규모였다. 이 사업에 대한 건설관리 기술제안을 15분 동안에 해야 했다. 평가자는 이 사업에 대한 잘 모르는 외부 전문가로 구성되었다. 이런 평가자에게 이 사업의 규모와 중요성을 짧은 시간에 설명하고 왜 우리가 해야 하는지를 이해시켜야 했다.

　　며칠을 고민했다. 결론은 숫자로 사업 특성을 표현해 1분 내 설명하기로 했다. 숫자로 표현하면 복잡한 사업을 간결하고 명확하게 평가자에게 전달할 수 있다. 그래서 이런 복잡한 사업은 준비된 회사가 수행해야 한다는 것을 평가자에게 강하게 인식시킬 수 있도록 PT 준비를 했다. 결과는 대성공이었다. 나중에 평가에 참여한 교수에게 "조달청 역사상 최고의 프레젠테이션이었다."라는 평을 들었다. 준비부터 발표까지 단순함을 통한 차별화를 끝까지 추구한 덕분이었다.

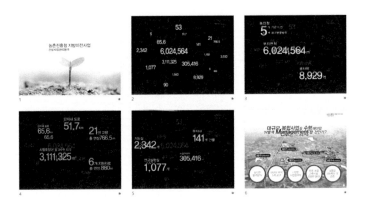

[사업특성을 숫자로 표현해 간결하면서도 사업의 중요성을 강조한 PT 사례]

,'표준화된 제안이 가능할까?

표준의 사전적 정의는 "사물의 정도나 성격들을 알아보기 위한 근거나 기준, 일반적인 것이나 평균적인 것"을 말한다. 기업은 제안에 소요되는 시간과 비용을 줄이기 위해 표준 제안서를 활용한다. 기업의 제품이나 서비스에 대한 특성, 장점, 혜택 등이 주로 서술된다. 이렇게 제안하다 보면 표준의 정의처럼 '일반적이고 교과서 같은 제안'이 된다. 새롭게 개발된 서비스나 경쟁자가 없는 서비스라면 이런 제안으로 고객에게 다가갈 수 있다.

하지만 새로운 서비스라도 할지라도 시간이 지나면 후발 경쟁자가 나타난다. 돈이 된다면, 돈으로 해결하면 된다는 경영자들이 많기 때문이다. 점점 경쟁이 치열해진다. 서비스를 개발한 회사는 경쟁에 익숙하지 않지만, 후발 경쟁자들은 돈이 된다면 모든 방법을 사용해 '독창적인 서비스'를 '보편화한 서비스'로 만드는 방법을 알고 있다. 특히 공공 시장에서는 탁월한 능력을 발휘한다. 공정한 경쟁을 통해 서비스의 우열을 가리기 보다는 평가자 섭외를 통해 수주하려고 한다.

수주를 기반으로 하는 기업들은 고객의 프로젝트를 위해 제안을 한다. 그런데 프로젝트의 특성상 똑같은 프로젝트는 없다. 건설 프로젝트를 예로 들면 똑같은 시설이어도 위치할 땅이 다르고, 규모가 다르고, 고객이 가지고 있는 예산이 다 다르다. 이런 프로젝트를 수주하기 위한 경쟁에서 표준제안서를 가지고는 나가 싸울 수 없다.

이런 상황에 닥친 기업은 잘된 제안서를 구해 재활용하기 시작한다. 여기저기서 좋아 보이는 콘텐츠를 긁어모아 짜집기한다. 한두 번 성공한다. 하지만 시간이 지날수록 제안 품질은 계속 떨어진다. 그 이유는 콘텐츠를 재활용하려면 콘텐츠가 만들어진 의미를 알고 활용해야 하는데 단순히 '복사(control+c), 붙여넣기(control+v)'만 하기 때문이다. 새로운 콘텐츠를 만들지는 못하더라도 기존 콘텐츠가 만들어진 의미를 파악하고 난 후 프로젝트에 맞게 변형을 해야 한다. 생각하기 귀찮다는 이유로, 시간이 없다는 이유로 여기저기서 복사한 콘텐츠를 가지고는 고객의 마음을 사로잡을 수 없다.

62.
http://www.
parliament.
uk/about/
living-heritage/
building/palace/
architecture/
palacestructure/
churchill/

윈스턴 처칠(Winston Churchill, 1874~1965)은 1943년 영국의회 의사당 재선을 앞두고 "우리가 건물을 만들지만, 그 이후에는 건물이 우리를 만든다.(we shape our buildings, and afterwards our buildings shape us.)"라는 연설을 했다.[62] 이 말은 '사람이 먼저 분석하는 도구를 만들지만, 시간이 지나면서 도구가 우리의 모습을 결정한다.'라는 말로 변형돼 인용되기도 한다. 표준화된 제안도 마찬

가지다. 처음에는 독창적이고 차별화된 제안이었지만 시간이 지나면 표준화된 제안은 고객에게 신선함보다는 그 기업 서비스의 한계를 보여 주는 것이 돼버린다. 예측 가능한 계획은 지루함을 낳고, 지루함은 재능이 뛰어난 사람들의 이탈로 이어진다. 또한, 경쟁자가 쉽게 모방할 수 있는 결과를 제공한다.

　　표준화된 제안은 효율을 위해서도 필요하다. 하지만 변화하는 시대 상황에 따라 지속해서 개선되고 변화되어야만 그 의미를 가질 수 있다. '혁신'은 경영에만 필요한 것이 아니다.

스트레스에서 벗어나 단순하게 일하기

　　미국계 영국 시인인 T.S. 엘리엇(Tomas Stearns Eliot, 1888~1965)는 제약조건과 창의력에 대해 "일에 엄격한 틀을 강요받을 때 상상력이 최대한 발휘된다. 그때 가장 훌륭한 아이디어가 나올 것이다. 완전한 자유가 주어진다면 일은 제멋대로 진행되어 버린다."라고 했다.

　　미를 추구하는 예술가나 진리를 찾는 과학자들은 프로젝트 범위가 제한되는 것을 좋아하지 않는다. 하지만 훌륭한 디자이너는 제약 조건을 기꺼이 수용하는 자세를 취한다. 제약 없이는 디자인이 생겨 날 수 없고, 최상의 디자인은 심각한 제약이 가해진 상태에서 나오는 경우가 많다. 이처럼 제약을 기꺼이 수용하고 나아가 열렬히 환영하는 자세야말로 디자인적 사고를 떠받치는 탄탄한 토대다.

제안 프로젝트를 진행하다 보면 온갖 제약조건이 튀어나온다. 제안 책임자는 촉박한 마감일, 부족한 예산과 인력 때문에 머리가 아픈데, 담당 임원은 옆에서 팔짱을 끼고 빨리하라고 독촉한다. 다른 건 다 참고 이겨나갈 수 있지만, 옆에서 말로만 독촉하는 임원은 정말 참을 수 없다. 독립된 '프로젝트 공간'이 필요한 이유 중 하나다.

제안 프로젝트 책임자는 어려운 상황과 온갖 압박 속에서도 디자이너처럼 창의적인 결과물을 만들어 내야 하는 책임감을 가지고 있다. 제약조건과 창의력에서 갈등하는 동안 마감 시간은 다가오고 진도는 나가지 않는다. 정신적, 육체적인 스트레스는 극에 달한다. 버틸 수 없는 지경까지 이르지 않으려면 스트레스를 다스릴 방법을 찾아야 한다. 스스로 스마트하게 일할 방법을 찾아야 한다.

방법-1 : 심리적인 데드라인(dead-line)을 활용해라

경쟁하는 제안 프로젝트는 끝이 있다. 제출 날짜를 지키지 못하면 그동안 노력은 물거품이 된다. 그래서 제출 날짜를 기준으로 모든 일정을 거꾸로 잡는다. 전체 일정에서 중간 데드라인을 잡고 참여자에게 언제까지 콘텐츠를 만들어 달라고 한다. 이 단계에서 초보 관리자가 자주 실수하는 것이 있다. 참여자에게 콘텐츠를 제출하는 물리적 데드라인만 주는 것이다. 물리적인 데드라인만 주게 되면 자신이 작성하는 콘텐츠가 제안에서 어떤 역할을 하는지 모른다. 자기 본연의 업무에 매달리다가 데드라인이 다가오면 그때야 여기저기서 자료를 끌어 모아 제안 책임자에게 메일로 보낸다. 이런 콘텐츠는 창의력은커녕 쓸 수 없는 내용이 대부분이다.

물리적인 데드라인과 함께 '심리적 데드라인'을 주어야 한다. '심리적 데드라인'이란 일종의 미션(mission)으로, '당신이 작성하는 콘텐츠에 어떤 내용이 담겨야 후속 작업자가 받아 더 발전시키고 제안 성공에 중요한 역할을 할 것이다'라는 사명감을 주는 것이다. 사람들은 자신이 하는 일이 무엇을 하는 것인지를 중요하게 생각하면 창의적인 생각을 하게 된다.

방법-2 : 주변에 방해하는 요소를 차단하라

창의적인 아이디어를 내기 위해선 집중할 시간이 필요한데 우리 주변에는 방해요소가 너무 많다. 옆 팀에서 회의하는 소리, 큰 소리로 통화하는 상사, 쓸데없는 일을 도와 달라고 요청하는 동료 등 모든 여건은 나를 도와주지 않는다. 그래서 앞에서 이야기한 '프로젝트 공간'이 필요하다. 일주일이라도 프로젝트에 집중할 수 있도록 외부와 차단된 공간이 필요하다. 주변 방해요소를 차단했으면 자신 스스로 방해하는 요소를 차단할 차례다. 일정 시간 휴대폰을 끄고 노트북에서 인터넷을 차단한다. 오롯이 주어진 프로젝트에만 집중할 수 있도록 자기 스스로 환경을 만들어야 창의적인 아이디어에 도전할 수 있다.

방법-3 : 건설적인 토론을 하라

아이디어를 도출한다고 10명이 넘어가는 사람들이 모여 1시간 동안 회의를 한다. 한두 사람이 준비된 시간의 반 이상을 차지하고 나머지 사람들은 한마디씩 하면 회의 시간이 끝난다. 제안 프로젝트에서 이런 회의는 킥 오프 미팅(kick-off meeting) 한 번이면 족하다. 단체로 모여 느슨하게 진행되는 회의는 회사의 자원을 낭비하고 아무런 소득 없이 끝나는 경우가 대부분이다.

경험 많은 제안 책임자는 콘텐츠 작성자와 개별적인 토론을 즐긴다. 동료와 함께 앉아서 한 가지 문제에 집중하면 훨씬 더 창의력을 발휘하게 된다. 아이디어를 서로 주고받으면 콘텐츠는 창의적으로 될 가능성이 커진다.

방법-4 : 쉬는 시간을 가져라

제안 프로젝트는 사람들이 모여 아이디어부터 마무리 인쇄 작업까지 진행하는 일이기 때문에 단계마다 어려움이 생길 수밖에 없다. 이런 상황을 계속 마음속에 담고 있으면 언젠가 터지게 된다. 그래서 중간중간 쉬는 시간을 가져야 한다. 주변 공원을 천천히 산책하거나, 회사와 좀 멀리 떨어진 카페에서 음악을 듣는 등 휴식 시간을 가져야 한다.

나의 경우는 강남에서 경기도 방향으로 가는 좌석버스에서 음악을 들으며 종점을 왔다 갔다 했다. 버스의 흔들림은 피곤한 몸을 적당히 자극해 주었고, 차창 밖으로 보이는 자연 풍경들은 사람에게 지친 눈을 정화시켜 주었다. 쉬는 시간만큼 체력도 중요하다. "게으름, 짜증, 분노가 생기는 것은 체력이 버티지 못해 정신이 몸의 지배를 받아 나타나는 증상이다."라는 말을 명심해야 한다.

방법-5 : 완벽함에 대한 여유를 가져라

완벽해야 한다는 것에 대한 강박관념은 큰 스트레스로 다가온다. 물론 경쟁에서 이기기 위해서는 모든 면에서 완벽해야 한다. 영업도 잘 해야 하고, 제안서로 잘 써야 하고 발표도 잘 해야 한다. 하지만 모든 것이 처음부터 완벽할 수는 없다. 완벽해야 한다는 강박 관념에서 벗어나 조금 여유를 가져야 한다. 덴마크 과학자 피엣 헤인(Piet Hein, 1905~1996)의 말이 도움이 될 것이다. "지혜로 가는 길? 그것은 평범하고 쉬운 말로 표현할 수 있다. 실수하고 또 실수하라. 그러면 점점 줄어들 것이다." 실수에서 배운다는 생각으로 일을 대해야 오래 갈 수 있다.

▌한눈에 보게 해 주세요_요약하기

회사에서 기획이나 제안업무를 할 때 파워포인트가 이용되면서 보고서 분량이 방대해졌다. 초기에는 보고서의 양이 많으면 열심히 일한 것으로 인정을 받았다. 하지만 100페이지가 넘는 보고서는 핵심도 없이 여기저기서 끌어모은 잡다한 내용으로 채워져, 보는 사람을 짜증나게 한다. 짜증난 경영진은 '한두 페이지로 요약된 자료로 보고 하라'고 지시한다. 짜깁기만 했던 실무자는 난관에 봉착한다. 요약한다는 것은 전체를 다 이해하고 해결책을 스스로 세우지 않는 한 불가능한 작업이기 때문이다.

미국 소설가 마크 트웨인(Mark Twain, 1835~1910)의 일화가 있다. 한 출판사에서 마크 트웨인에게 이틀 내 2페이지의 단편 소설이 필요하다고 요청이 오자 이렇게 답장을 썼다. "이틀 내 2페이지 소설은 불가능합니다. 하지만 30페이지는 가능합니다. 2페이지 소설은 30일이 필요합니다."

이처럼 요약은 힘들다. 100페이지 보고서를 잘 작성하는 사람은 쉬운 이야기를 어렵게 하는 사람이다. 이런 것은 누구나 쉽게 할 수 있다. 진정한 고수는 어려운 이야기를 한두 마디나 한 페이지로 쉽게 정리할 줄 아는 사람이다.

요약한다는 것은 프로젝트 초기 단계에서 디자이너가 디자인 개념을 찾아내는 과정과 유사하다. 디자이너는 주어진 조건을 분석하여 향후 작업을 이끌어 갈 디자인 개념을 찾아내기 위해 스케치하고, 모형을 만들고 최적의 디자인 개념을 도출한다. 이렇게 도출된 디자인 개념은 이후에 일어나는 모든 세부 작업의 가이드 역할을 한다. 이런 디자이너의 초기 스케치가 최종 결과물과 거의 일치하는 경우를 종종 볼 수 있다. 2002년 서울 월드컵 경기장을 설계한 건축가 류춘수(1946~)가 설계 초기 단계인 1998년 8월에 스케치한 도면을 보면 현재 지어진 경기장과 거의 유사함을 알 수 있다.[63] 제대로 요약된 한 장의 개념 스케치(concept drawing)가 전체 설계·시공과정을 이끌어 가는 중요한 가이드 역할을 한 것이다.

63.
서울특별시, '서울 월드컵경기장', CA Press현대건축사, 2002.05, pp 42~43

이처럼 디자이너는 개념 스케치에서 시작해 2차원 평면 스케치, 3차원 공간 스케치와 모형 사이를 오가며 실제 공간을 점점 구체화시켜 간다.

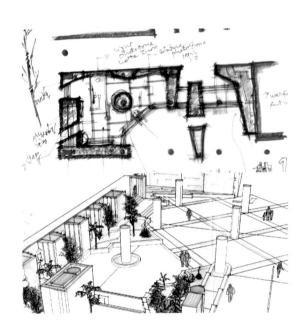

[2차원 평면 스케치와 3차원 공간 스케치 (저자작업 : 잠실 L 프로젝트)]

기획이나 제안업무에서 요약을 잘하기 위해서는 본문 내용을 다 정리하고 나서 하면 안 된다. 제안 전략이 수립되면 본문과 함께 시작해야 한다. 그래야만 전략이 요약에 정확하게 포함될 수 있고 본문 작성 때에도 제안 전략이 흔들림 없이 녹아 들어간다. 기획과 제안 작업에서 요약을 쉽게 하려면 다이어그램 그리기를 활용하면 된다. 프로젝트의 조건과 예상문제점 분석을 통해 제안 목표를 설정하고 목표를 달성할 수 있는 해결 전략 3가지를 도출해 낸다. 각각의 전략의 세부 추진 전술을 하위 단계로 표시한 다음, 지원 시스템 등을 순서대로 다이어그램을 활용해 한 장의 종이에 정리한다. 마지막으로 이런 전략을 통해 고객에게 줄 수 있는 혜택, 이익 등을 정리하면 전체 작업을 한눈에 볼 수 있는 가이드 맵이 완성된다. 이 가이드 맵은 프로젝트 작업 기간 내내 수정, 보완되면서 흔들리지 않는 방향을 유지해 준다. 이것을 글로 정리하면 한 페이지 요약이 되는 것이다.

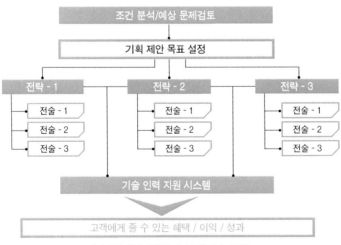

[다이어그램을 활용한 가이드 맵 구성 사례]

제품이나 서비스를 한마디로 정리를 잘하는 직업이 있다. 카피라이터(copywriter)다. 카피라이터의 한 줄로 요약된 설명은 그 제품이나 서비스 성공을 좌우하기도 한다. 애플은 아이팟(iPod)을 출시할 때 복잡한 말로 홍보하지 않았다. 단지 "당신 주머니 속의 노래 1,000곡"이라고 했다.

[1세대 아이팟 광고]

이 말 한 마디에 아이팟의 기능, 성능과 용량이 다 담겨있다. 하지만 이런 카피는 책상에 앉아서 나온 것이 아니다. 발로 뛰고, 눈으로 관찰하고, 제품을 경험하는 과정에서 나온 것이다. 기획과 제안의 요약도 그저 본문을 간단하게 정리한 것이아니다. 프로젝트 초기부터 전략을 고민하고, 해결책을 찾고 어떤 방법으로 고객을 설득할 것인가를 고민한 모든 과정을 한눈에 보여 주는 것이다.

제 8 장

제대로 설득할 수 있다면

디자이너가 설득하는 방법
수주기업에서 필요한 설득의 기술 : 제안 글쓰기
수주기업에서 필요한 설득의 기술 : 제안 발표하기
평가자 이해하기
내 손을 떠나는 순간까지 디테일을 챙겨라

Persuasion

수주산업의 서비스는 계약 후 장기간에 걸쳐 이루어지기 때문에 영업 단계에서 고객을 설득해 계약까지 이르게 하는 것은 매우 중요하다. 로마의 정치가이자 철학자인 키케로(Marcus Tullius Cicero, B.C.106~B.C.43)는 설득에 대해 "당신이 나를 설득하려면 내가 생각하는 것을 생각하고, 내 감정을 느끼며, 내 언어로 이야기해야 한다."라고 했다. 마치 사랑하는 연인이 서로에 대해 생각하고, 느끼고 말하듯이 하란 말처럼 들린다.

영업에서 계약에 성공하려면 이처럼 고객의 머리와 마음 속까지 들어갈 수 있어야 한다. 설득할 때는 말보다 글로, 글보다는 그림으로 보여 주어야 한다. 백 번의 '사랑한다'라는 말보다, 사랑의 마음을 담은 편지가, 사랑의 편지보다는 상대방을 생각하면서 직접 그린 그림이 더 큰 감동을 준다. 어떻게 하면 서비스를 제공하기 전에 고객이 감동하게 할 수 있을까?

디자이너가 설득하는 방법

디자인 분야 중 제품을 만들어 판매하는 분야를 제외하면 디자이너가 제공하는 서비스는 수주산업과 비슷하다. 로고를 디자인하든, 건물을 설계하든 계약 후에 디자이너 서비스가 시작된다. 디자이너도 자신의 아이디어를 고객에게 설명하여 설득시키는 과정은 필수적이다. 하지만 그들에게는 고객을 설득시키는 중요한 무기가 있다. 그림이 그것이다. 고객의 머릿속에 가득한 생각과 디자이너가 추구하는 개념을 그림으로 정리해 보여 준다. 스케치든, 초기 모형이든 눈으로 보면서 고객과 이야기한다. 다양한 아이디어가 디자이너의 손을 통해 고객에게 전달되고 서로 토론하는 과정을 거쳐 결론을 끌어낸다. 고객과 디자이너, 둘 다 만족하는 결과물이 만들어진다. 이처럼 눈에 보이는 스케치, 모형, 3차원 그래픽 등은 남을 설득시킬 때 강력한 도구로 작용한다.

건축 디자인 실무를 시작할 때 일이다. 2층 규모의 주택을 설계하고 공사하던 중에 시공자는 '아치(arch)'로 설계된 부분이 공사하기가 까다롭고 시간도 많이 소요돼 건축주를 꼬드겨 사각 형태로 공사하자고 했다. 건축에 대해 잘 모르는 건축주는 시공자가 하자는 대로 하려고 했다. 대학 선배였던 건축가는 아치로 설계된 부분은 주택 내부공간의 전체 분위기를 좌우하는 중요한 요소였기 때문에 물러설 수 없었다. 선배는 내게 당장 가서 실물 크기의 아치 모형을 만들라고 했다. 나는 투덜거리며 현장으로 가서 두꺼운 스티로폼을 이용해 실물 크기의 아치를 만들어 그곳에 붙였다. 선배는 건축주와 시공자를 함께 불러 아치일 때와 아닐 때의 공간 분위기를 설명했다. 누가 보더라도 아치 형태 공간 분위기가 더 좋았다. 건축주는 시공자에게 설계대로 하라고 지시했고, 시공자는 아무 말도 못 하고 돌아갔다. 디자이너가 자신의 아이디어를 설득하기 위해 얼마나 많은 노력이 하는지를 처음 느낀 순간이었다.

하지만 모든 디자이너가 다 이런 것은 아니다. 고객이 하지는 데로 그냥 예쁘게만 디자인하고, 자기주장이 너무 강해 고객을 무시하는 디자이너도 많다. 이런 디자이너 때문에 사람들은 디자인이라고 하면 '예쁘게 치장하는 것', '못난 것은 감추고 잘난 것은 강조하는 것'이라고 생각하고, 디자이너는 '꽉 막힌 고집쟁이'라고 생각한다. 디자인은 현실 속의 예술이기 때문에 고객이나 대중을 설득하지 못하면 그 생명을 잃는다. 디자이너의 열정을 가진 설득이 좀 더 나은 디자인과 환경을 만들어 가는 지름길이다. 이처럼 시각디자인 매체들은 고객과 대중을 설득하는 단계까지 이르러야 한다. 설득이란 항상 감동을 담보로 하는데 감동은 디자이너의 통찰력, 직관 그리고 상상력을 통해서만 가능하다.

수주기업에서 필요한 설득의 기술 : 제안 글쓰기

수주기업은 프로젝트를 수주하기 위해 제안서와 발표 자료를 만들고 프로젝트 책임자가 고객 앞에서 제안 내용을 설명한다. 글쓰기와 말하기로 고객을 설득하는 것이다. 아무리 좋은 제안 아이디어가 있어도 글로 표현하지 못하고, 말로 설명하지 못하면 경쟁에서 이길 수 없다.

고객에게 제출하는 제안서의 글은 고객이 생각하고 말하는 방식을 이해하고 모방해 써야 한다. 그래야 읽는 사람(고객)과 쓰는 사람(제안자) 간의 정보 불균형을 없앨 수 있다. 제안서의 글쓰기는 일반 글쓰기와 조금 다르다. 제안서 글쓰기는 뉴스기자들의 글쓰기와 유사하다. 뉴스기자들은 기사를 쓸 때 가장 중요한 정보를 제일 먼저 제시하라고 배운다. 첫 번째 문장에 기사의 모든 핵심이 포함되어 있어야 한다. 이런 첫 문장을 '리드(lead)'라고 한다. 잘 쓴 첫 문장은 속담 같은 역할을 한다. 속담은 긴 경험에서 얻은 교훈(핵심)을 짧은 문장(간결함)으로 표현한 대표적 사례다.

제안 글쓰기도 기사처럼 핵심을 담은 문장으로 시작해야 한다. 제안서에서 이런 역할을 하는 부분은 요약, 중간 제목 그리고 제안하는 콘텐츠 본문의 첫 문장이다. 특히 중간 제목은 제목만 읽더라도 본문 내용을 알 수 있도록 써야 한다. 가령 고객이 추진하는 프로젝트와 유사한 경험이 많다는 것을 강조하고 싶다면 '다수의 유사 프로젝트 수행 실적'이라고 쓰면 안 된다. 보다 구체적으로 '00분야 규모 100억 이상 프로젝트 최근 수행실적'처럼 경쟁사가 따라 할 수 없을 내용을 제목으로 써야한다. 이런 제목을 읽은 고객은 세부 콘텐츠를 다 보지 않더라도 전체 내용을 파악한다.

제안서 글은 고객에게 직관적으로 다가가야 한다. 고객은 짧은 시간에 제안서를 읽고 이 회사에 일을 맡길지 말지를 판단한다. 고객이 "이게 무슨 내용이지?"하고 고민을 하게 만드는 글은 제안서 글로는 빵점이다. 이런 현상을 사전에 방지하려면 가까운 동료에게 한 번 읽고 바로 이해가 안 되는 부분을 지적해 달라고 하면 효과적이다. 제안서를 쓴 사람은 전·후 내용을 모두 알고 있기 때문에 쉽게 썼다고 생각하지만 처음 읽는 사람은 문장이 조금만 이상하면 읽기를 멈춰 버린다. 제안서 시작 부분에서 이런 일이 생기면 고객은 제안자가 힘들게 쓴 나머지 90% 내용은 거들떠보지도 않는다. 그래서 동료가 읽어보고 잘 이해가 안 되는 문장을 다시 이해하기 쉽게 고쳐 쓴 후, 고객에게 제출해야 한다.

고객이나 상사에게 메일을 보낼 때도 마찬가지다. 메일 내용을 쓰고 난 후, 스스로 한 번 소리 내 읽어보면 걸리는 부분이 나타난다. 그 이유는 쓰는 사람은 머리로 쓰지만, 읽는 사람은 눈과 입으로 읽기 때문이다. 당신이 부하 직원에게 한 통의 메일을 받았다고 하자. 메일에 다음과 같은 문장이 있다. "**프로젝트 진행과정 판단 미숙으로 문제발생 확률 예측 실패 야기 가능성을 점검한다.**" 이 문장을 읽는 지금, 당신은 눈으로 문장을 따라가면서 입으로 내용을 중얼거리고 있음을 느낄 것이다. 명사형 단어와 한자어 남발로 몇 번을 읽어도 잘 이해되지 않는다. 이런 문장은 "**프로젝트 진행을 잘못 판단하여 문제가 발생할 확률을 예측하지 못하는지를 점검한다.**"라고 써야 의미가 명확하게 전달된다.

　　문장을 길게 쓰는 사람이 있다. 한 문장이 서너 줄이 넘는 것도 있다. 이런 글을 읽으면 읽다가 지친다. 중간에 숨을 쉴 수가 없다. 이런 사람들에게 '짧게 써라'라고 하면 단문(單文)을 단문(短文)으로 오해한다. 주어도 없고, 전달하는 뜻마저 없는 문장을 남발한다. 단문(單文)은 문장 하나에 뜻을 하나만 담은 글이다. 문장이 길더라도 주어와 서술어가 하나만 있으면 단문이 되어 뜻이 명확히 전달된다.

　　제안서 페이지 구성도 신문처럼 하면 더욱 효과적이다. 사람들은 신문을 볼 때, 헤드라인 제목, 사진 설명, 중간 제목 순으로 살펴본다. 제목이나 사진 설명에 관심이 가면 세부 본문을 읽기 시작한다. 이처럼 제안서의 한 페이지의 큰 제목, 작은 제목, 도표나 그림 등도 고객이 흥미를 느낄 수 있도록 구성해야 한다. 하나의 주제는 한 페이지에서 끝내야 한다. 페이지 중간에서 새로운 주제가 시작되거나 한 페이지가 넘어가게 되면 읽는 고객은 주의가 산만해져 집중력이 떨어져 제안자가 주장하는 내용을 파악하기 어렵다.

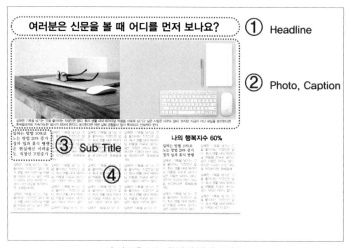

[신문을 보는 독자의 관심 순서]

직장생활을 시작한 사무직 신입사원이 제일 어려움을 겪는 것이 '글쓰기'라는 기사를 본 적 있다. 기술직도 직급이 높아지면 경영진에게 보고할 일이 많아져 글쓰기의 어려움을 토로한다. 서점에 가면 글쓰기에 관한 책들이 엄청 많다. 그만큼 글쓰기가 어렵다는 이야기일 것이다. 여러 책 중 제안 글쓰기에 도움이 되는 책을 소개한다.

제안 글쓰기에 도움이 되는 책

1) 우리글 쓰기

『우리글 바로쓰기(이오덕 지음, 한길사)』 : 5권으로 구성된 우리글 바로쓰기의 고전으로 불리는 책이다. 전체를 다 읽을 수 없다면 제1권과 제3권은 꼭 읽어야 한다.

『안정효의 글쓰기 만보(안정효 지음, 모멘토)』 : 소설가이자 번역가인 안정효의 우리 글쓰기 책이다. 일기 쓰기부터 소설 쓰기까지, 단어에서 문체까지 살펴볼 수 있다.

『내 문장이 그렇게 이상한가요?(김정선 지음, 유유출판사)』 : 저자는 20년 넘게 단행본을 교정, 교열하며 남의 문장을 다듬어 왔다. 읽는 사람 입장에서 내가 쓴 문장을 다시 한 번 바라보게 한다.

2) 논리적 글쓰기

『글쓰기 전략(정희모·이재성 지음, 들녘)』 : 『대학 글쓰기(도서출판 삼인)』라는 교재를 집필한 저자들이 쓴 실용적 글쓰기에 관한 책이다.

『글쓰기 생각쓰기(윌리엄 진저 지음, 돌베개)』 : 여러 가지 형식의 글쓰기와 영어 글쓰기를 위한 조언 등이 있다.

『로지컬 라이팅(데루야 하나코 지음, 리더스북)』: 비즈니스 글쓰기에 관한 책이다. '논리 패턴을 통한 핵심메시지 도출 방법' 등이 도움 된다.

3) 문서 디자인

『좋은 문서디자인 기본 원리 29(김은영 지음, 안그라픽스)』: 읽는 사람을 위해 문서를 어떻게 편집하고 디자인해야 하는지를 잘 알려 주는 책이다.

『마법의 디자인(사카모토 신지 지음, 우듬지)』: 그래픽 작업부터 기획서와 프레젠테이션 자료까지 디자인하는 방법을 알려 준다.

[필자가 읽은 글쓰기와 Presentation 관련 책들]

비즈니스 글쓰기는 '일기'가 아니다. 일기는 자기 혼자만 보기 때문에 마음대로 써도 된다. 나중에 책으로 만들 것이 아니라면. 하지만 비즈니스 글쓰기는 철저하게 '읽는 사람을 위한 글쓰기'가 되어야 한다. 상사에게 보고하든, 고객에게 제안하든지 비즈니스 글쓰기는 읽는 사람이 편하게 읽고 내 생각대로 움직이도록 설득하는 글이다. 소설은 재미를 위해서, 논문은 지식을 얻기 위해서 읽지만, 비즈니스 문서는 읽는 사람을 설득하지 못하면 휴지통에 버려진다. 오늘도 휴지통에 버려질 문서를 만드느라 밤을 새고 있지 않은지 곰곰이 생각해 봐야 한다.

수주기업에서 필요한 설득의 기술 : 제안 발표하기

사람들 앞에서 발표한다는 것은 항상 두려움의 대상이다. 특히 그것이 회사의 수주와 관련되어 있다면 두려움은 더욱 커진다. 10여 년 동안 많은 사람의 발표를 지도하는 과정에서 발표자의 두려움 때문에 생긴 일화도 많다.

한 발표자는 실무자와 연습할 때는 잘 하다가 임원 앞에만 서면 얼어붙어 한 마디도 못 했다. 결국, 사람들을 바라보지 말고 화면만 보고 발표하는 것으로 수정했다. 화면만 보고 발표한 제안이 좋은 평가 점수가 나올 리가 없었다. 그렇다고 두려움이 꼭 실패를 가져오는 것은 아니다. 두려움이 건강한 긴장감으로 작용하는 경우도 많다. 연습 때는 잘하지 못했지만, 발표당일 고객 앞에서는 연습 때보다 더 잘 해내는 경우도 많다.

비즈니스 제안 발표는 강의, 세미나, 제품 설명회 등의 발표와 다르다. 가장 다른 점은 청중의 태도다. 강의, 세미나 등에서 청중은 정보나 지식을 얻기 위해 귀를 기울인다. 하지만 제안 발표의 청중은 제안자를 비교하고 평가해 한 명을 선택하기위해 발표를 듣는 사람이다. 이런 청중은 비판적이며 비우호적일 수밖에 없다. 평가하기 위한 청중이므로 참석자는 10명 이내며 많아도 20명을 넘지 않는다. 그리고 발표 시간도 20~30분으로 정해져 있다. 제안 발표는 정해진 시간에 적은 인원을 설득해 경쟁에서 이기는 게임이다.

이런 상황에서 서론-본론-결론 순으로 발표를 했다가는 참석자에게 좋은 인상은커녕 중간에 발표 중단을 당할 수 있다. 제안 발표는 먼저 주장을 제시하고 나중에 근거에 관해서 설명하는 두괄식 구조가 정답이다. 두괄식으로 말할 경우 청중은 결론이 무엇인지를 먼저 알고 난 후 근거에 관해 설명을 듣는다. 그러면 청중은 근거의 타당성에 대해 더 적극적으로 심사숙고하기 때문에 높은 집중력을 유지한다. 발표자도 본론을 이루는 각 쟁점에 대해서 일관성 있게 발표를 이끌어 갈 수 있다.

제안 발표는 상대방, 즉 평가자의 뇌리에 재빨리 이미지를 만들고 잔상을 또렷이 남겨야 한다. 스탠퍼드 경영대학원 교수인 칩 히스(Chip Heath)는 사람들의 뇌리에 착 달라붙는 메시지를 '스티커 메시지(sticker message)'라고 이름 짓고 '스티커 프레젠테이션(sticker presentation)'의 5가지 법칙을 제시한다.**64**

64.
칩 히스, 『스틱!(Stick)』,
웅진북스, 2009

1) 스토리와 예제는 프레젠테이션의 핵심이다 :

메시지가 너무 추상적인 것은 최대 실수다. 프레젠테이션이 설득력 있는 논의를 끌어내려면 예시와 스토리가 메인이 되어야 한다. 데이터란 수천 개의 스토리를 단순히 요약한 것에 지나지 않는다. 데이터에 의미를 부여하고 싶으면 스토리를 들려주어야 한다.

2) 뜸 들이지 마라 :

머리말 따위는 저 멀리 던져버리고 곧장 행동에 돌입하라. 만일 당신이 지금 당장 해결해야 할 문제를 내놓을 생각이라면 지루한 준비시간은 필요 없다.

3) 요점을 강조해라 :

최소한 발표 시간의 절반 이상을 잘 디자인된 시각 자료를 가지고 핵심 메시지를 전달하는 데 사용해라.

4) 감질나게 건드려라 :

여덟 개의 설명이 적힌 슬라이드가 있다고 생각해 보자. 발표자가 첫 번째 항목에 관해 설명하기 전에 청중은 아래에 적힌 일곱 개를 다 읽어 버린다. 그리고 지루해 한다. 여덟 개의 설명 대신 질문이 있었다면 청중은 대답을 듣고 싶어 할 것이다. 최고의 발표자는 설명하지 않는다. 어떤 질문으로 "사람들을 고민하게 할까?"를 생각한다.

5) 현실적으로 만들어라 :

'말하지 말고 보여 주어라'는 말의 의미는 슬라이드에 '글로벌 사고방식'이라고 적고 거기에 세계지도 클립아트를 첨부하라는 것이 아니다. 그것은 의사소통이 아니라 장식에 불과하다. 진부한 찬사와 자기 자랑으로 가득 찬 파워포인트를 보여 주는 것보다 자사 제품과 경쟁사 제품을 분해해 내구성을 비교해 주는 것이 낫다.

발표자에게 상사가 화를 낸다면, 고객의 목소리가 커지고 격양되었다면 그것은 발표자가 자신의 귀중한 시간을 소비해 버렸기 때문이다. 현명한 발표자는 청중의 시간을 아끼는 사람이다. 그래서 더 많이 준비하고, 고민하는 사람이다. 상사나 고객이 1페이지 요약 발표를 요구하는 경우가 있다. 이때는 다음 순서로 발표 자료를 준비하면 보다 명확하게 메시지를 전달할 수 있다.

1) 우리는 지금의 상황을 OOO으로 정의하고 있습니다.

2) 그 결과 3가지 과제(문제점)를 찾을 수 있었습니다.

3) 3가지 과제를 해결할 방법은 다음과 같습니다.

4) 이런 해결을 통해 이러이러한 혜택(이익)을 가져올 수 있습니다.

5) 기존 방법(경쟁사)과 저희 제안의 차이는 OOO입니다.

이러한 순서로 발표 자료를 준비하면 상사나 고객에게 명확한 메시지를 전달하고 후속 조치를 얻을 수 있다. 발표 시간이 5분이든 10분이든, 이런 순서로 메시지를 전달하는 훈련을 통해 자신이 주장하는 핵심을 더욱 명확히 전달할 수 있다. 슬라이드를 디자인할 때도 가장 전달하고 싶은 것부터 가장 전달하지 않아도 되는 것 순으로 정한다. 제안 발표 슬라이드 순서는 어디까지나 전달하고 싶은 내용의 중요성에 따라 정해진다.

'글쓰기' 관련 책처럼 '발표(presentation)'에 관한 책도 엄청많다. 그중에서 제안 발표에 도움이 되는 몇몇 책을 소개한다.

『Presentation Zen(가르 레이놀즈 지음, 에이콘)』: 프레젠테이션의 준비부터 디자인까지 어떤 마음가짐으로 준비해야 성공하는지를 가르쳐 준다. 단순히 디자인 스킬이 아닌 설득을 위한 디자인을 설명한다. 필자도 항상 옆에 놓고 프레젠테이션을 준비할 때마다 다시 읽는 책이다.

『프레젠테이션 발표의 기술(티모시 J. 케이글 지음, 멘토르)』: 엑설런트 프리젠터가 되기 위한 다양한 방법이 서술되어 있다. 발표와 전달의 스킬을 집중적으로 다룬다.

『프레젠테이션 1막 5장(이용갑 지음, 프롬북스)』: 프레젠테이션 진단과 분석, 발표 스킬까지 다룬 책이다. 국내 여건에 맞는 발표 스킬을 배울 수 있다.

『김미경의 아트 스피치(김미경 지음, 21세기북스)』: 부제인 '대한민국 말하기 교과서'가 말해 주듯이 말하기에 대한 모든 것을 다루고 있다.

17세기 프랑스 작가 라로슈푸코(La Rochefoucauld, 1613~1680)는 "더없이 단순하지만 열정이 있는 사람의 설득력이 언변은 아주 유창한데도 열정이 없는 사람의 설득력보다 훨씬 더 강하다."라고 했다. 열정을 갖고 준비한 발표는 목소리가 매력적이 아니어도 진정성을 고객에게 보여줄 수 있다. 제안 발표는 아나운서를 뽑는 것이 아니라 핵심 메시지를 진정성 있게 전달해 주는 사람을 선택하는 것임을 명심하자.

평가자 이해하기

테드(TED) 발표 배우기가 유행했다. 발표자들은 대부분 유명인이며 연설을 하고 있다. 청중은 발표자에게 호감을 느끼고 뭔가를 배우려는 마음을 가지고 연설을 듣는다. 그들은 발표자의 말 한 마디 한 마디에 함께 웃고, 울며 호흡한다. 하지만 비즈니스 세계에서 발표는 테드와 다르다. 비즈니스 발표의 청중들은 테드 청중처럼 호의적이지 않다. 비즈니스 세계에서 청중, 즉 평가자는 발표 내용에 의심을 품고 다른 발표자(회사)와 비교하며 점수 매기는 사람이다.

일반 청중은 발표를 들을 때 머릿속으로 이런 생각을 한다. "어디 얼마나 잘났는지 볼까?", "뭐 별것이 있겠어?", "오호! 저건 도움이 되겠는데?", "아, 나도 그럴 거 같아.", "와! 감동이네." 하지만 제안 발표를 듣는 평가자는 "시간 없으니까 결론이 뭡니까?", "무엇을 어떻게 하겠다는 겁니까?", "그렇게 주장하는 근거는 무엇이죠?", "짧게 말해 주시겠어요?"라는 생각을 머릿속에 넣고 발표를 듣는다. 평가자는 발표자들을 비교해야 하기 때문이다.

수주산업 분야는 크게 공공과 민간분야로 나뉜다. 공공분야 평가자는 공정성을 기한다는 명목으로 외부평가위원(교수, 전문가 등)으로 구성된다. 외부 평가위원은 평가하는 프로젝트 추진과 직접적인 관련이 없다. 프로젝트는 물론이고 어떤 회사가 수주하든지 별로 관심이 없다. 오로지 관심은 업체 선정에 따른 잡음이 생기지 않기를 바란다. 반면 민간분야 평가자는 프로젝트 추진 팀이나 관련 부서 직원으로 구성된다. 자기 회사 프로젝트이기 때문에 관심도 많고 프로젝트 성공을 위해 실질적인 도움이 되는 업체를 선정하려는 경향이 강하다. 이처럼 평가자가 어떻게 구성되느냐에 따라 설득 방법도 달라야 한다.

외부 평가위원들로 구성된다면 각각 평가위원의 관심사를 하나하나 언급해 주어야 좋은 평가를 받을 수 있다. 'A'라는 분야를 전공한 교수가 평가자로 참여했는데 발표 내용은 'B', 'C' 분야에만 집중된다면, 'A' 분야 교수에게 좋은 평가를 받을 수 없다. 나 같아도 발표 내내 자신 전공 분야 이야기가 한 마디도 나오지 않으면 기분이 좋지 않을 것이다. 영업팀과 협력을 통해 평가자에 대한 정보를 사전에 입수해 발표 준비를 해야 한다. 하지만 보완이 철저해 발표 당일에야 정보를 얻는 경우도 발생한다. 이런 때를 대비해 여러 가지 가상 시나리오를 준비하여 연습하는 것이 필요하다.

내부자로 구성된 평가자들은 프로젝트에 대한 정보를 많이 알고 있고 관심도 많다. 잘못된 정보에서 시작된 어설픈 주장은 바로 공격을 당한다. 그들의 공통적인 관심사, 꼭 해결해야 하는 문제점에 대해 경쟁사보다 차별된 해결책을 제시해야 한다. 내부 평가자들은 참여한 업체 중에서 기술력이 좋은 업체를 선정하려는 경향이 강하다. 입찰가격에 대한 평가는 평가자들의 업무가 아니라 구매부서의 업무이기 때문이다. 내부 평가자의 또 다른 특성은 의사결정자의 영향을 많이 받는다는 것이다. 회사 생활 내내 마주쳐야 하는 의사결정자의 비위를 건드릴 용감한 월급쟁이는 별로 많지 않다. 사전 영업 활동을 통해 평가에 영향력 있는 의사결정자를 사전에 파악해 발표 준비를 해야 한다. 하지만 최근에는 민간 기업에서도 의사결정이 한두 사람에 의해 결정되기보다는 집단으로 이루어지는 경우도 많다. 고객 기업의 의사결정 시스템과 기업 문화에 대한 사전 조사를 통해 발표 전략을 세워야 한다.

평가자의 연령대나 평가에 사용하는 자료 등도 고려해야 하는 요소다. 중견 간부들은 숫자 등으로 제시된 근거 있는 발표를, 젊은 직원은 참신한 아이디어와 단순한 발표를 선호한다. 보통 평가에 사용되는 자료(제안서)는 인쇄해 책자 형태로 제출된다. 하지만 전자파일(PDF 형식)만 제출하게 하는 경우도 있다. 이런 경우에는 평가자들이 노트북으로 전자파일을 보면서 평가한다는 점을 고려해야 한다. 최근 노트북 화면 비율은 인쇄용에 적합한 4:3 비율이 아니라 16:9 비율이다. 평가자들이 노트북을 이용해 평가 자료를 본다면 4:3 비율은 좌우에 검은 여백이 생기기 때문에 보는 사람에게 산뜻한 느낌을 줄 수 없다.

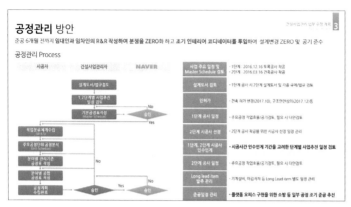

[평가자를 고려해 비율을 16 : 9로 작성한 제안 사례]

　　평가자가 어떤 자료를 보고 평가하는지도 고려해 발표 자료를 준비해야 한다. 사소한 하나가 전체를 좌우한다는 것을 잊지 말아야 한다. 왜냐하면, 제안 평가에서는 우호적인 평가자도 다른 평가자가 불평하는 이야기에는 민감하게 반응한다. 어떤 직장인도 외부 업체를 선정하는 업무를 내 일처럼 목숨 걸고 도와주지 않는다. 마지막까지 디테일을 챙겨야 한다.

내 손을 떠나는 순간까지 디테일을 챙겨라

제안책임자는 제안 기획, 인쇄, 발표 그리고 질의응답 준비까지 프로젝트 기간 내내 긴장과 스트레스 속에서 시간을 보낸다. 마무리 시간이 다가올수록 집중력이 떨어진다. 주변 동료나 직원도 다들 지쳐서 산만해진다. 제안책임자는 준비를 열심히 했으니 나머지 일은 '잘 되겠지'하는 안도감으로 사소해 보이는 일은 그냥 넘겨버린다. 팀원들은 모두 지쳐 '누군가 하겠지'라고 생각한다. 문제는 이 순간에 발생한다. 마지막까지 디테일하게 챙기지 못하면 이런 일들이 발생한다.

우호적이었던 고객 담당자가 평가 시점에 타 부서로 보직 변경한다.

작성 지침을 무시한 문서 때문에 경쟁사가 문제를 제기해 제출조차 하지 못 한다.

시험 인쇄에서는 아무 문제가 없던 기계가 멈춰 버린다.

인쇄된 제안서 첫 페이지에 오타가 나온다.

부담감을 못 이긴 발표지가 사라져 연락이 안 된다.

자료를 제출하는 직원이 기차에서 졸다가 역을 지나쳐 버렸다.

간섭하기 좋아하는 임원의 지적을 반영하느라 앞뒤가 맞지 않는 자료를 제출한다.

마지막까지 수정해야 이길 수 있다고 고집하는 임원 때문에 제출 시간이 늦어 참여 자격을 상실한다.

마지막까지 디테일을 챙겨야 좋게 마무리할 수 있는 것이 세상일이다. 이런 디테일을 챙기는 것은 수주 기업에서는 더욱 중요하다. 1~2개월 노력하여 얻은 성공이 회사의 1~2년 매출을 보장하기 때문에 마지막 디테일을 챙기는 것은 매우 중요하다. 마지막까지 디테일을 챙길 수 있는 3가지 방법이다.

1) 제안 책임자는 2~3일 전부터 휴식을 통해 마무리 작업에 대한 계획을 수립한다.

2) 마무리를 위한 점검은 시각화된 문서(check-list)를 통해 점검해야 한다. 아주 사소한 사항까지 점검할 수 있도록 만들어야 한다.

3) 만일에 대비하여 주변에 도움을 요청할 사람을 만들어 둔다. 주변에 나보다도 많은 경험과 역량을 가진 사람들이 많다. 먼저 도움을 요청하지 않으면 아무도 도와주지 않는다.

직장에서 프로젝트 마무리 작업은 대부분의 직원이 싫어한다. 열심히 해도 아무도 알아주지 않고 일한 티도 나지 않기 때문이다. 마무리 시간이 다가오면 일할 사람은 하나둘 사라지고 옆에는 밤새울 때는 보이지도 않던 팔짱 낀 임원만 남는다. 마치 '잘못하면 다 너 때문이다'라는 눈총으로 뒤에서 쳐다보고 있다. 그래도 제안 책임자는 마지막까지 디테일을 챙겨야 한다.

어쩔 수 없다. 그동안 노력한 과정이 헛되지 않게 최선을 다해 마무리해야 하고, 프로젝트를 수주해야 내 옆 동료가 1~2년 동안 할 일이 생긴다. 제안 책임자는 '우공이산(愚公移山: 어리석고 우직한 사람이 산을 옮긴다)'의 마음으로 마지막까지 마무리해야 한다. 아무도 알아주지 않더라도 자신은 알고 있으니까.

제 9 장

다음을 위한 준비

디자인 사고방식을 기업 경영에
성공이든 실패든 기록으로 남겨라
새로운 프로젝트를 대하는 마음가짐

next Project

던져진 주사위 결과에 미련을 가지면 다음 일을 할 수 없다. 제안에 실패하더라도 다음 기회를 위해 리뷰하고 고객 담당자에게 부족한 부분을 피드백 받아야 한다. 한 작업을 끝내고 다음 작업을 시작할 때는 지금까지 경험을 초기화시키고 새롭게 시작해야 한다. 성공한 경험에 의존하면 주관에 빠지기 쉽고, 실패한 경험을 두려워하면 새로운 일을 할 수 없다.

"이론 없는 열정은 의미가 없고, 열정 없는 이론은 공감을 얻지 못한다."**65**라는 말이 있다. 열정은 중요한 요소이지만 열정만으로는 타인의 이해와 협력을 얻을 수 없고, 이론만 있고 열정이 없는 작업은 타인을 감동하게 할 수 없다. 이론과 열정을 가지고 한 작업이 한 번으로 끝나고 다음으로 이어지지 않으면 팀이, 회사가, 사회가 앞으로 나갈 수 없다.

65.
우노 쇼헤이 외, 『디자이너가 일하는 규칙 125』, 디자인하우스, 2015

디자인 사고방식을 기업 경영에

발명가는 99번 실패하고 1번 성공하면 성공한 것이다. 엔지니어는 99번 성공하고 1번 실패하면 실패한 것이다. 그럼 기업의 관리자는 어떨까? 그들은 누구든 상관없고 100번 다 성공하길 원한다. 그들은 욕심쟁이이며, 관망자이고, 직접 하기 싫고 시키기만 좋아한다. 이런 사람으로 가득한 기업에서 그들이 이해하지 못하는 디자인 사고방식을 적용할 수 있을까?

디자인 사고방식은 분명 필요하다. 하루가 다르게 변화하는 환경에서 기존 방식을 고집해서는 살아남기가 어렵다. 하지만 경험과 실적을 기반으로 경영하는 수주기업의 관리자는 디자인 사고방식을 이해하지 못한다. 디자이너가 결론을 끌어내는 과정을 이해하지 못하기 때문이다. 기업의 관리자는 기존 자료와 경험이 없으면 시작하기를 꺼리지만, 디자이너는 아무것도 없는 종이에 과감히 선을 그릴 수 있는 사람이다. 새롭게 시작하는 방법을 알고 있는 사람이다. 단, 좋은 디자이너일 경우에 한해서.

디자인 사고방식을 기업에 심기 위해선 위에서부터 열린 생각을 해야 한다. 그런 환경은 경영방침이나 이벤트적인 행사로 만들어지지 않는다. 아이디어를 가진 '젊은 직원'과 그것을 받아들이고 경험을 통해 비즈니스로 만들 수 있는 통찰력 있는 '어른 임원'이 소통하는 시간과 공간이 필요하다. 그중 가장 중요한 것은 기업 문화다. 위에서, 아래에서 아무리 혁신하려고 해도 중간이 안 움직이면 아무 소용없다. 중간을 움직이는 힘은

CEO가 '말하고 행동하는 것'에서 나온다. 그것 외에는 그들을 움직일 다른 힘은 아직 없다.

▌성공이든 실패든 기록으로 남겨라

디자이너는 상품화되지 못한 프로젝트의 스케치, 모형 등을 쉽게 버리지 못한다. 그것을 머릿속에서 나온 자식같이 여기기 때문이다. 그 자식은 다음 프로젝트에 영감을 줄 수 있는 귀중한 보물이다. 사람의 기억은 한계가 있다. 그래서 노트에, 포스트잇에, 스마트폰에 메모한다. 내가 찾을 수 있는 위치에 메모하면 언제든지 다시 찾을 수 있기 때문에 머릿속에서 지워버릴 수 있다. 비워진 머리에는 새로운 정보가 들어온다.

직장생활을 하다 보면 성공보다 실패하는 경우가 더 많다. 내 경우 제안 프로젝트 성공률이 50%를 겨우 넘는다. 하지만 나에겐 실패한 프로젝트 기록이 새로운 프로젝트를 시작할 때 더 많은 도움이 된다. 성공은 "왜 성공했지?"라는 즐거운 고민을, 실패는 "왜 실패했지?"라는 새로운 의문을 남긴다. 그것이 바로 진정한 지식이다. 새로운 일을 시작할 때 도움이 되는 살아 있는 지식인 셈이다. 프로젝트 노트, 준비과정에서 수집한 자료, 힘들었던 사람들과의 관계 등, 손으로 쓴 기록과 머릿속에만 넣을 수밖에 없는 기억들이 새로운 프로젝트를 시작할 때 많은 도움이 된다.

실패한 기록을 남기는 것을 좋아하는 직장인은 없다. 회사 생활 내내 따라다닐 허물을 자료로 남기고 싶은 사람은 아무도 없다. 하지만 지금이 아닌 내일을 생각한다면, 후배들에게도 지속가능한 회사가 되어야 한다고 생각한다면 이런 실패 경험들이 많이 축적되고 전해져야 한다. 회사생활을 통해 얻은 경험은 후배에게 제대로 전달되어야 한다. 성공이든, 실패든 기록으로 남겨 전해야 한다. 그런 기록이 모이면 지식이 되고, 그 지식은 새로운 세대에 이어져 더 큰 결과를 만드는 데 중요한 역할을 한다. 진정한 지식경영은 테크닉이 아니라 '마음가짐'이다.

수주기업에서 영업과 제안에 대한 경험을 후배에게 전해줄 방법은 직접 교육 외에는 없다. 옆에서 보고 배워야 한다. 책으로, 대학원에서 배울 수 있는 것이 아니다. 그 일은 사람을 상대하면서 끝까지 마무리해야 하는 일이기 때문이다. 물론 시스템을 통해 어느 수준까지 올릴 수는 있다. 하지만 사람의 의식까지 시스템화할 순 없다. 수주영업의 마무리는 항상 사람이다.

새로운 프로젝트를 대하는 마음가짐

수주기업 영업 활동에서 제안서가 좋다고 수주에 성공하기는 힘들다. 미국의 한 조사 자료에 따르면 완벽하다고 평가받은 제안서의 성공 비율은 50%가 채 되지 않는다. 수주기업에서는 사전 영업이 우선이기 때문이다. 영업도 안 된 프로젝트를 제안서로만 수주에 성공하기는 정말 어렵지만, 수주 가능한 프로젝트를 부족한 제안서 때문에 실패하는 것은 너무 쉽다. 이것 때문에 하나하나 프로젝트에 집중할 수밖에 없다. 지난 프로젝트 노트를 정리하다가 발견한 메모로 마무리한다.

' 마감 시간이 점점 다가온다.
전에 있던 자료를 쓰라는 유혹이 머릿속에서 손짓한다.
힘들다. 아이디어는커녕, 생각하기도 싫다.
왜, 이 일을 해야 하는 걸까?

나에겐 지금 주어진 일, 우리 동료에겐 앞으로 할 일,
누군가 해야 할 일, 마무리까지 가보자.
그런데 너무 힘들다. '

마무리 글

2000년 개봉된 숀 코너리 주연의 영화 '파인딩 포레스터 (Finding Forrester)'에서 주인공인 소설가 포레스터(숀 코너리 분)는 문학적 재능을 가진 소년 자말(롭 브라운 분)에게 다음과 같은 말을 한다. "첫 번째 글은 가슴으로 쓰는 거야. 수정은 나중에 머리로 하고. 제일 중요한 것은 쓰는 거야. 생각하지 말고. (You must write your first draft with your heart. You rewrite with your head. The first key to writing is to write, not to think!)"

이 책을 쓰면서 절실히 느낀 한 마디다. 머리로 쓰다 보니 생각은 많고, 진도는 나가지 않았다. 머릿속에 쓰고 싶은 이야기는 많은데 노트북 앞에만 앉으면 난, 어느새 독자가 되어 있었다. '한 줄 쓰고, 한 줄 읽는…….' 아내와 애들의 독촉이 없었더라면 끝내지 못했을 것이다.

인생이라는 여행에서 우린 간이역, 환승역 그리고 종착역을 만난다. 간이역은 종착역을 향해 가면서 잠시 숨을 고르며 쉬어 가는 곳이다. 지친 몸과 마음을 추스르면서 가야할 길을 다시 바라보는 시간이다. 환승역은 잘못된 종착역을 바꾸는 곳이다. 중요한 결정의 시간이자 장소다. 오늘을 사느라 깜박하거나 머뭇거리다 환승역에 내리지 못하면, 원치 않는 종착역을 향해 갈 수밖에 없다. 난, 어느 역에 서 있을까? 오늘도 고민하면서 하루를 마무리한다.

　　이 책을 쓸 수 있도록 이 세상에 보내 주신 하나님과 고향에 계신 부모님께 감사드린다. "부모님, 정말 감사하고 사랑합니다."

　　말로도 표현하지 못 하고, 글로도 전하기 쑥스럽지만 긴 시간 기다려 주고 힘을 준 사랑하는 정미(定美)와 딸 연지(娟智), 아들 준영(俊瑛), 고마워.

2017년 12월 책을 마무리하며

허 근

Business :
디자이너 치얼